Cindy Ruch

Los, ans Wasser!

BERLIN

Die 65 schönsten Ausflüge
vor der Haustür

BERLIN AM WASSER!

Endlich Sommer! Berlin hat kontinentales Klima und gehört damit zu den wärmsten Gebieten Deutschlands. Hinzu kommt, dass Asphalt und Beton das Sonnenlicht absorbieren und es in Wärme umwandeln. Daher heißt es für uns – **Los, ans Wasser!** Zu herrlichen Sandstränden, mystischen Moorgebieten, schmalen Kanälen und Flüsschen in urwaldartigen Wäldern, zu kleinen und großen Seen.

Berlin und sein Umland sind ein Eldorado des glitzernden Elements, das wir zu Fuß, mit dem Fahrrad und natürlich per Kanu, SUP oder sonstigem Wassergefährt erkunden. Badesachen haben wir auf jeden Fall immer im Gepäck.

Für dieses Buch haben wir Ausflüge ausgewählt, die uns in und rund um die Hauptstadt ans Wasser bringen. Dafür braucht es nicht mehr als eine maximal 1-stündige Fahrt innerhalb des S+U-Bahn-Netzes (Bereich ABC). Das Rad kann man mit einem extra Fahrradticket in S-, U- & Straßenbahnen mitnehmen. Oft lohnt es sich, die Öffentlichen zu nehmen, nicht nur aus Gründen des Umweltschutzes: So kann man zu einem Bahnhof anreisen und vom anderen wieder zurückfahren. Mit dem Auto auf einem Parkplatz ist das schwieriger.

Mit den Auswirkungen der Klimakrise wird deutlich, dass Wasser die Grundlage allen Lebens und Lebensraum einer Vielzahl von Pflanzen und Tieren ist. Ihn gilt es zu schützen, sich umsichtig und nachhaltig in ihm zu bewegen, damit wir diese fantastisch seefunkelnde und waldreiche Landschaft noch lange genießen können.

Komm – los, ans Wasser!
Ist richtig schön dort.

Übrigens: Viele Rad-, Boot- oder SUP-Vermieter bieten ihre Leistungen nur in der Saison an, manche sogar nur am Wochenende. Das gleiche gilt für Restaurants, Cafés, Fähr- und Schiffslinien. Daher – vor dem Ausflug nochmal informieren!

Bitte denken Sie auch daran, dass in manchen Betrieben, gerade auf dem Land, häufig nur Barzahlung möglich ist.

Für einen schnellen Überblick über die möglichen Aktivitäten, die den beschriebenen Ausflug auszeichnen, finden Sie an jedem Tourbeginn Symbole. Diese sind in der Umschlagklappe hinten erläutert.

Das Symbol „Kinderwagen" steht auch (manchmal nur bedingt) für „Rollstuhl oder Rollator geeignet".

BERLIN & UMLAND – INNENSTADT & NORDEN

01 **LANDWEHRKANAL** Kreuzberg, Neukölln 8

02 **MUSEUMSINSEL** Mitte 12

03 **TANZEN AN DER SPREE** Regierungsviertel, Tiergarten, Mitte 16

04 **VABALI SPA BERLIN** Moabit 20

05 **GROSSER TIERGARTEN** Tiergarten 24

06 **SCHLOSS CHARLOTTENBURG** Charlottenburg 28

07 **DER LIETZENSEE** Charlottenburg, Witzleben 32

08 **KLEIN-VENEDIG** Wilhelmstadt, Spandau 36

09 **PANKERADWEG** Gesundbrunnen, Pankow 40

10 **DER PLÖTZENSEE** Wedding 44

11 **SAATWINKLER DAMM** Wedding, Tegel, Charlottenburg-Nord 46

12 **FLUGHAFENSEE** Tegel 50

13 **TEGELER SEE** Tegel 52

14 **ENTLANG DER HAVEL VON SPANDAU NACH HENNIGSDORF** 56
Spandau, Hennigsdorf, Landkreis Oberhavel

15 **HEILIGENSEE** Heiligensee / Reinickendorf 60

16 **TEGELER FLIESS** Tegel, Hermsdorf, Waidmannslust, Lübars 64

17 **EICHWERDER MOORWIESEN** 68
Hermsdorf, Lübars, Glienicke/Nordbahn, Schildow Mühlenbecker Land

18 **KAROWER TEICHE & BOGENSEEKETTE** 72
Karow, Französisch Buchholz, Buch, Bezirk Pankow

19 **LÖWENZAHNPFAD** 76
Schildow (Mühlenbecker Land), Mühlenbeck / Mönchmühle

20 **SUMMTER SEE** Summt, Mühlenbecker Land, Schönwalde (Barnim) 80

21 **BRIESETAL** Birkenwerder, Borgsdorf, Landkreis Oberhavel 84

22 **DER LEHNITZSEE** Oranienburg, Lehnitz, Landkreis Oberhavel 88

23 **RADWEG BERLIN – KOPENHAGEN** 92
Fürstenberg, Zehdenick, Liebenwalde, Oranienburg, Landkreis Oberhavel

24 **RAHMER SEE, WANDLITZER SEE, STOLZENHAGENER SEE** 98
Wensickendorf, Zühlsdorf/Seefeld (Oberhavel), Wandlitz, Stolzenhagen (Barnim)

25 **DER LIEPNITZSEE** 102
Wandlitz, Ützdorf, Bernau bei Berlin, Landkreis Barnim

26 **BIESENTHALER BECKEN** 106
Biesenthal, Lanke, Lobetal, Landkreis Barnim

BERLIN & UMLAND – OSTEN & SÜDOSTEN

27 **RUMMELSBURGER BUCHT** 112
Kreuzberg, Alt-Treptow, Rummelsburg, Friedrichshain

28 **FUNKHAUS BERLIN** 116
Oberschöneweide, Rummelsburg, Friedrichshain, Plänterwald

29 **MÜGGELSPREE ZWISCHEN KÖPENICK & FRIEDRICHSHAGEN** 120
Köpenick-Altstadt, Friedrichshagen

30 **DER MÜGGELSEE** Friedrichshagen, Rahnsdorf, Müggelheim, Köpenick 124

31 **NEU-VENEDIG** Rahnsdorf, Müggelheim (Köpenick) 128

32 **GOSENER GRABEN** Müggelheim, Gosen, Landkreis Oder-Spree 132

33 **TEUFELSSEE & TEUFELSSEEMOOR** Köpenick 136

34 **LANGER SEE & DAHME** 140
Grünau, Wendenschloß (Köpenick), Müggelheim, Karolinenhof (Schmöckwitz)

35 **RAUCHFANGSWERDER** Eichwalde, Zeuthen, Wernsdorf, Schmöckwitz 144

36 **KÖNIGS WUSTERHAUSEN – PRIEROS** 148
Naturpark Dahme-Heideseen

37 **MÜGGELSPREE ZWISCHEN HANGELSBERG & NEU ZITTAU** 152
Grünheide (Mark), Landkreis Oder-Spree

38 **LÖCKNITZTAL** Fangschleuse, Grünheide (Mark), Landkreis Oder-Spree 156

39 **GRÜNHEIDER SEEN** Grünheide (Mark), Landkreis Oder-Spree 160

40 **DER FLAKENSEE** Woltersdorf, Erkner, Landkreis Oder-Spree 164

41 **RÜDERSDORF & KALKSEE** 168
Rüdersdorf, Woltersdorf, Landkreis Märkisch-Oderland

42 **DER STIENITZSEE** 172
Hennickendorf, Gemeinde Rüdersdorf b. Berlin, Landkreis Märkisch-Oderland

43 **BÖTZSEE & FÄNGERSEE** 176
Eggersdorf, Gemeinde Strausberg, Landkreis Märkisch-Oderland

44 **GAMENGRUND** 180
Tiefensee, Wesendahl, Gemeinde Werneuchen, Landkreis Barnim

45 **GAMENSEE, MITTELSEE, LANGER SEE** 184
Tiefensee (Werneuchen), Leuenberg, Landkreise Barnim & Märkisch-Oderland

BERLIN & UMLAND – WESTEN & SÜDWESTEN

46 **TEUFELSSEE (BERLIN)** Grunewald 190

47 **HAVELCHAUSSEE – ENTLANG DES GRUNEWALDS** 192
Nikolassee, Grunewald, Westend, Wilhelmstadt/Spandau

48 **GRUNEWALDSEENKETTE** 198
Nikolassee, Schlachtensee, Zehlendorf, Grunewald

49 **STRANDBAD WANNSEE** Nikolassee 202

50 **KLEINER WANNSEE** Wannsee, Kohlhasenbrück, Potsdam-Babelsberg 204

51 **MACHNOWER SEE** Kleinmachnow, Landkreis Potsdam-Mittelmark 208

52 **PFAUENINSEL** Wannsee 212

53 **WANNSEE-BABELSBERG-RUNDE** 216
Wannsee, Klein Glienicke, Potsdam-Babelsberg

54 **GROSS GLIENICKER SEE** Kladow, Groß Glienicke, Potsdam Nord 220

55 **SACROWER SEE** Sacrow, Potsdam Nord 224

56 **HEILIGER SEE & JUNGFERNSEE** 228
Potsdam Nord, Neuer Garten, Berliner Vorstadt

57 **ZWISCHEN GOLM & MARQUARDT** 232
Potsdamer Ortsteile: Golm, Grube, Marquardt

58 **GROSSER PLESSOWER SEE** 236
Ortsteile v. Werder (Havel): Kemnitz, Glindow, Landkreis Potsdam-Mittelmark

59 **INSEL WERDER** Werder (Havel) 238

60 **DER GLINDOWER SEE** 242
Ortsteile v. Werder (Havel): Glindow, Petzow, Landkreis Potsdam-Mittelmark

61 **SCHWIELOWSEE & TEMPLINER SEE** 246
Caputh, Ferch, Geltow, Landkreis Potsdam-Mittelmark

62 **DIE LIENEWITZSEEN UND IHRE 800-JÄHRIGE EICHE** 252
Lienewitz, Gemeinde Michendorf, Landkreis Potsdam-Mittelmark

63 **GROSSER SEDDINER SEE** 256
Lehnmarke, Seddin, Kahnsdorf, Wildenbruch, Landkreis Potsdam-Mittelmark

64 **BLANKENSEE** 260
Blankensee (Ortsteil von Trebbin), Landkreis Teltow-Fläming

65 **DER SIETHENER SEE** 264
Siethen (Ortsteil von Ludwigsfelde), Landkreis Teltow-Fläming

Die Autorin 268
Symbole zu den Aktivitäten Klappe vorne außen
Symbole in den Tourenkarten Klappe hinten außen
Karte Innenstadt mit Tourenübersicht Umschlag vorne innen
Karte Umland mit Tourenübersicht Umschlag hinten innen

BERLIN

INNENSTADT & NORDEN MIT UMLAND

Tour 01 - 26

LANDWEHRKANAL

Wer dem Landwehrkanal folgt, bekommt viele Gesichter Berlins zu sehen: idyllische Parks, szenische Uferbars, Paddelkurse unter den kritischen Augen der Schwäne, Straßenmusik und Marktgetümmel – es gibt einiges zu entdecken zwischen Charlottenburg und Neukölln!

Die Idee des **Landwehrkanals** entstand im 19. Jahrhundert als alternativer Transportweg zur Spree. Der Berliner Hauptfluss war überfüllt, weshalb der ehemalige Floßgraben vergrößert und in das Wassernetzwerk der Stadt eingegliedert wurde. Auch heutzutage bietet der Landwehrkanal einen großen Mehrwert, allerdings – zu unserem Glück – verstärkt als Naherholungsgebiet: mehr Spaziergänge, Paddeltouren und Rastplätze am Wasser.

Der Weg ist einfach: Immer dem Kanal folgen, zu Fuß, auf dem Fahrrad oder im Boot. Rastplätze gibt es überall entlang des Ufers – auf Wiesen, Treppen und zwischen Bäumen in Hängematten.

Wir folgen der gelben, überirdisch fahrenden U-Bahn vom Halleschen Tor in Kreuzberg und tauschen die Straße gegen die grüne **Uferpromenade**. Das **Prinzenbad** lädt an heißen Tagen zum Baden ein. Auf der Wiese am **Urbanhafen** vor dem Urban-Krankenhaus machen Kreuzberger, andere Berliner und auch viele Berlinbesucher, Pause. Beim Paddelkurs probiert man erste Schläge zwischen Schwänen und Schlauchbooten. Am späten Nachmittag trifft man sich auf der **Admiralbrücke** oder in der **Ankerklause** und genießt die Abendsonne. Dienstag und Freitag belebt der tolle **Neuköllner Wochenmarkt,** von den Berlinern wegen der Vielfalt und seinem orientalischen Flair auch *Türkenmarkt* genannt, das **Maybachufer**.

01

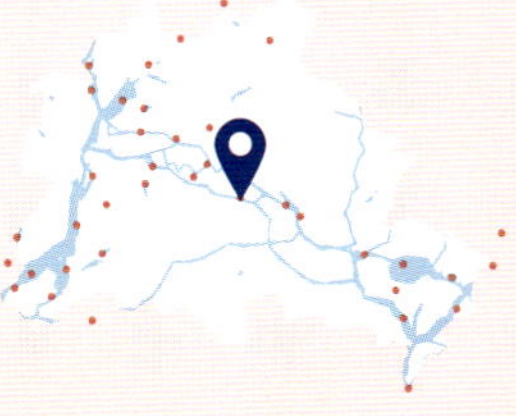

BESTE ZEIT

Zum Spazierengehen immer. Paddeln & Radeln besser im Sommer.

START & ANREISE

ÖPNV: Ein guter Start zu Fuß ist der U-Bahnhof *Hallesches Tor.*

Losgehen/-radeln kann man gut vom *Bhf Zoologischer Garten* oder vom S-Bahnhof *Tiergarten*.

Parkplätze gibts am Zoo (Hardenbergplatz) und an der Amerika-Gedenkbibliothek (Blücherplatz).

WOMIT BIN ICH UNTERWEGS

Zu Fuß, evtl. mit Kanu, SUP-Board oder Rad.

LÄNGE & DAUER

Vom Halleschen Tor bis zur Spree sind es 6 km – dafür einen ganzen Nachmittag einplanen.

GUTES ESSEN

A.Horn – entspanntes Café am Carl-Herz-Ufer. ahorn.berlin

Unweit davon, am Urbanhafen, speist man Räucherfisch oder frittierte Meeresfrüchte auf dem *Van Loon Restaurantschiff*. Oder im *Van Loon Hafenkiosk* eine „Leckerei to go". vanloon.de

Am Planufer gibt es im Erdgeschoss der herrschaftlichen Kanalhäuser nette Cafés wie *Plan Café* oder *Petit Paris*.

Die Hafenbar *Ankerklause* ist Szene-Treff und Mittelpunkt des Landwehrkanals – immer voll, lebhaft und gemütlich, egal ob draußen auf der Kanalterrasse oder drinnen auf der wohnzimmerkleinen Tanzfläche. ankerklause.de

Etliche Restaurants befinden sich außerdem am Paul-Lincke- und Maybachufer.

Dienstags und freitags von 11-18.30 ist *„Türkenmarkt"* am Maybachufer.

EXTRA-TIPPS

Am Ziel angekommen? Vom U-Bahnhof *Schlesisches Tor* sind es nur 10 Minuten Fußweg zur *Markthalle Neun* mit regional- und saisonalbetonten Essens- & Marktständen, aber auch Spezialitäten aus aller Welt. Basisangebot von Di-Do. Großer Wochenmarkt Fr+Sa markthalleneun.de

Auch mit dem Kanu oder Schlauchboot kann man auf dem Landwehrkanal vorankommen. Kanutouren vom Kanal bis in die Spree bieten an:

Canoa Berlin
canoa-berlin.de

Kajak Berlin Tours
kajakberlintours.de

MUSEUMSINSEL

Es gibt eine Insel mitten in der Stadt, die lohnt sich bei jedem Wetter. An Sommerabenden hört man Konzerte, bei Regen stellt man sich neben Gemälde und Skulpturen – und taucht die Sonne unter, spiegeln sich die Lichter besonders schön in der Spree.

Berlins wertvollste Kunstwerke sind auf der **Spreeinsel** beheimatet. Wie ein Burggraben fließen östlich die Spree und westlich Kupfergraben und Spreekanal um die Museumsinsel. Wir betreten die Insel über eine der 15 Brücken – auffallend schön ist Berlins älteste Brücke aus dem Jahr 1688, die **Jungfernbrücke** – besonders stimmungsvoll die **Monbijoubrücke**, wo an späten Nachmittagen im Sonnenuntergang immer jemand Musik spielt und in der Ferne der Fernsehturm neben dem Bode-Museum glänzt.

Auf der nördlichen Inselhälfte befinden sich die **fünf Museen,** die Teil des UNESCO-Weltkulturerbes sind und archäologische Sammlungen und Kunstwerke aus verschiedenen Jahrhunderten beherbergen. Hier finden wir Nofretetes Büste im **Neuen Museum,** Caspar David Friedrichs Gemälde in der **Alten Nationalgalerie,** griechische Tonfiguren im **Alten Museum** und antike Skulpturen im **Bode-Museum.** Das **Pergamonmuseum** ist seit 2023 geschlossen und wird bis 2027/2037 saniert.

Auf der südlichen Hälfte der Spreeinsel herrscht ein anderes, alles andere als mondänes Flair mit funktionalen Wohn- und Geschäftshäusern. Das Viertel **Fischerinsel** ist eines von Berlins ältesten Stadtteilen und gehörte einst zur mittelalterlichen Stadt Cölln. Hier waren im 15. Jahrhundert die wohlhabenden Fischer zu Hause. Am besten verlässt man die Insel über die **Inselbrücke** und schaut sich die beeindruckenden alten Kähne im **Historischen Hafen** vom Märkischen Ufer aus an.

BESTE ZEIT

Ob im Sommer zum Starkonzert oder im restlichen Jahr – die Museumsinsel ist auch im Winter schön, wenn weniger los ist und man in den mächtigen Gebäuden Unterschlupf findet.

Ein Spaziergang am Abend ist besonders romantisch.

START & ANREISE

Zum Viertel *Fischerinsel* kommt man am besten vom U-Bahnhof *Märkisches Museum.*

Mitten auf der Insel steigt man am neuen U-Bahnhof *Museumsinsel* aus.

Toll ist auch die S-Bahnfahrt von *Friedrichstraße* über die S-Bahnbrücken der Museumsinsel zur S-Bahn *Hackescher Markt* – nur fünf Minuten Fußweg von der Friedrichsbrücke.

Parken kann man z.B. hier: Fischerinsel 1, 10179 Berlin.

WOMIT BIN ICH UNTERWEGS

Zu Fuß oder/und mit dem Ausflugsboot.

WAS NEHME ICH MIT

Bequeme Schuhe, Regenschutz.

GUTES ESSEN

Café am Petriplatz (Kleine Gertraudenstr.) – gemütliches kleines Kaffeehaus mit Plätzen im Innenhof. Perfekt, um sich morgens vor den Museumsbesuchen oder dem Spaziergang zu stärken.

Im stilvollen Restaurant *Rotisserie Weingrün* mit Backstein-Gewölbedecke wechseln sich – leider nur wochentags ab 17 Uhr – am offenen Flammenwand-Grill, Paderborner Masthähnchen, Kalbshaxen, finnischer Flammlachs und Lammbraten ab. rotisserie-weingruen.de

Ständige Vertretung – berühmte Kneipe mit leckerer rheinischer Küche, Bogenfenstern und gerahmten Fotos von Politikern an den Wänden, nicht weit von der Museumsinsel. staev.de

EXTRA-TIPP

Mit dem *Museumsinsel-Ticket* kann man alle 5 Häuser an einem Tag besuchen: *Alte Nationalgalerie, Altes Museum, Bode-Museum, Neues Museum,* das *Pergamonmuseum* ist z.Zt.geschlossen *(die Antikensammlung wird gegenüber dem Bode-Museum im Ausstellungsgebäude Das Panorama gezeigt)* und benötigt im Gegensatz zu den Tageskarten kein Zeitfenster-Ticket. shop.smb.museum

Eindrucksvoll zeigt sich die Insel auch bei einer *Fahrt mit dem Ausflugsboot* vorbei an den Museen und dem Berliner Dom – und das sind nicht die einzigen Highlights, entlang der Spree: Es folgen Regierungsviertel, Reichstag, und Hauptbahnhof.

1-stündige *Historische Bootstour* ab Nikolaiviertel: *Stern und Kreisschifffahrt.* sternundkreis.de

Spree & Havelschiffahrt bietet an: *Brückenfahrt* oder *Sunset-Touren* ab Schiffbauerdamm 12 (beim Bhf Friedrichstr.): spree-havelschiffahrt.de

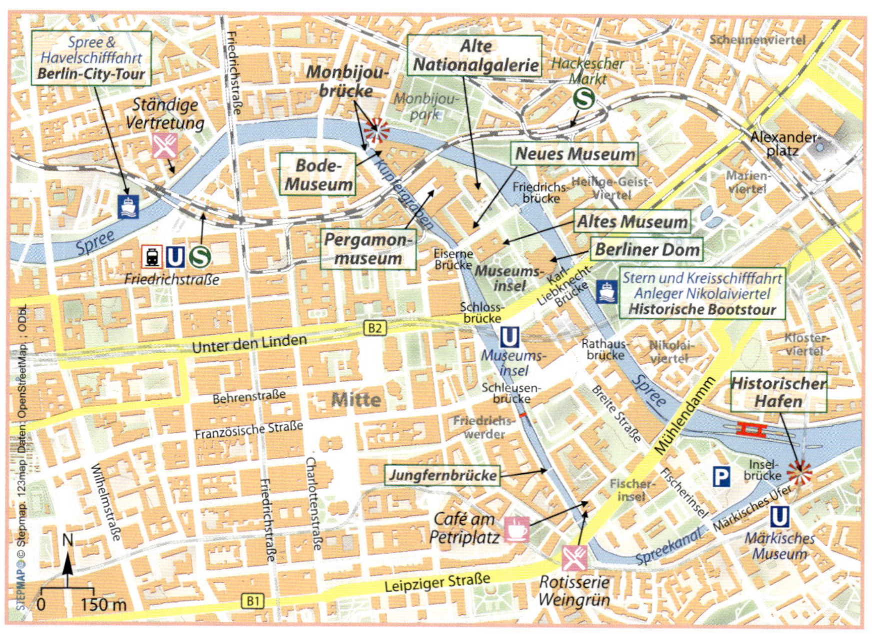

Spree & Havelschifffahrt
Berlin-City-Tour
Ständige Vertretung
Monbijou-brücke
Monbijou-park
Alte Nationalgalerie
Hackescher Markt
Scheunenviertel
Alexander-platz
Bode-Museum
Kupfergraben
Neues Museum
Friedrichs-brücke
Heilige-Geist-Viertel
Marien-viertel
Spree
Friedrichstraße
Pergamon-museum
Altes Museum
Berliner Dom
Eiserne Brücke
Museums-insel
Karl-Liebknecht-Brücke
Stern und Kreisschifffahrt
Anleger Nikolaiviertel
Historische Bootstour
Schloss-brücke
B2
Unter den Linden
Museums-insel
Rathaus-brücke
Nikolai-viertel
Kloster-viertel
Behrenstraße
Mitte
Schleusen-brücke
Breite Straße
Mühlendamm
Historischer Hafen
Französische Straße
Friedrichs-werder
Jungfernbrücke
Fischer-insel
Fischerinsel
Insel-brücke
Märkisches Ufer
Wilhelmstraße
Charlottenstraße
Café am Petriplatz
Spreekanal
Märkisches Museum
N
0
150 m
B1
Leipziger Straße
Rotisserie Weingrün
STEPMAP © Stepmap, 123map Daten: OpenStreetMap ; ODbL

TANZEN AN DER SPREE

Abends hat die Spree ihren eigenen Soundtrack. An ihrem Ufer zwischen Moabit und der Museumsinsel verabredet man sich, um Salsa, Tango, Swing, Standard oder Latein zu tanzen, während die Sonne untergeht.

Folgt man der Spree vom Schloss Bellevue Richtung Museumsinsel, hört man ferne Klänge vom Haus der Kulturen der Welt, sieht mitunter tanzende Menschen am Ludwig-Erhard-Ufer und gegenüber am Kapelle-Ufer. Vom Paul-Löbe-Haus erklingt Tango.

Der Berliner Klassiker der **Openair-Tanzlocations** befindet sich im **Monbijoupark.** Jeden Abend tönt eine andere Musikrichtung aus den Lautsprechern. Neben der Spree tanzt man unter Lichterketten und blickt dabei an der Schulter des Tanzpartners vorbei auf die Spitze der Museumsinsel, wo das Bode-Museum besonders schön in der untergehenden Sonne strahlt. Man kann mittanzen, mitwippen oder sich einfach nur mit Pizza und Aperol Spritz an die funkelnde Spree setzen und zuschauen.

Tanzen an der Spree
Regierungsviertel, Tiergarten, Mitte

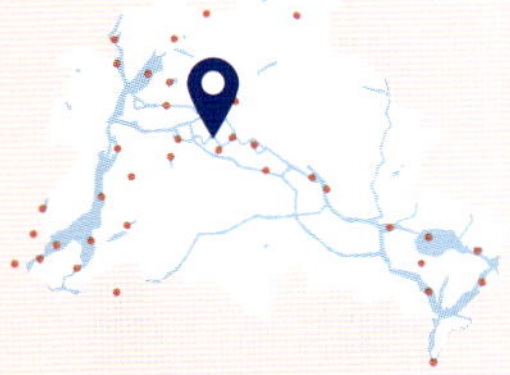

BESTE ZEIT

Ein lauer Sommerabend.

START & ANREISE

Vom S-Bahnhof *Bellevue* läuft man entlang des Magnus-Hirschfeld-Ufers, vorbei am Hauptbahnhof und Bundestag über den Schiffbauerdamm bis zum Monbijoupark.

Schöne Spreeblicke auf der S-Bahnstrecke vom S-Bahnhof *Bellevue* zum *Hackeschen Markt.*

WOMIT BIN ICH UNTERWEGS

Zu Fuß.

LÄNGE & DAUER

Die knapp fünf Kilometer schafft man ohne Tanzstopps in einer Stunde.

WAS NEHME ICH MIT

Tanzschuhe / bequeme Schuhe, Kleingeld für Eintrittsgeld, Kamera für Sonnenuntergangsfotos.

GUTES ESSEN

Im der *Weltwirtschaft* im *Haus der Kulturen der Welt* gibt es Pizza und internationale Speisen auf der Terrasse am Fluss. Geheimtipp im Sommer – der Dachkiosk mit Berlinpanorama. weltwirtschaft.berlin

Am anderen Ufer fühlt sich der Biergarten *Zollpackhof* mit seinen großen Kastanien wirklich bayerisch an. zollpackhof.de

Kommt man am Hauptbahnhof an und möchte nicht weiter, legt man sich in einen der Liegestühle im *Capital Beach.*

Am Schiffbauerdamm reihen sich einige Restaurants und ein Irish Pub nebeneinander. *Zimt & Zucker* ist ein hübsches Café. zimtundzucker.com

Café und Bar *Petit Bijou* direkt an der Spree – Frühstück oder Drink mit Blick auf Monbijoubrücke und Bode-Museum. petitbijou.de

Feinste neapolitanische Pizza gibt es im *Refugio di Napoli* (in der Märchenhütte).

EXTRA-TIPP

Fruchtig erfrischendes Wassereis – regenbogenfarben aus Hawaii – gibt's im James-Simon-Park bei *Shave Ice Berlin.* shaveiceberlin.de

Die Wasserqualität der Spree eignet sich leider nicht zum Schwimmen. Da Kinder an heißen Sommertagen allerdings nichts als Wasser im Sinn haben, ist das Sommerbad *Kinderbad Monbijou* die Lösung. berlinerbaeder.de

Im *Monbijoupark* befinden sich neben einem Spielplatz und verschiedenen Sportmöglichkeiten, das *Open-Air Monbijou Theater*. Das hölzerne Amphitheater wird jedes Jahr für sommerliche Theaterspektakel auf dem Dach eines ehemaligen Weltkriegsbunkers errichtet. monbijou-theater.de

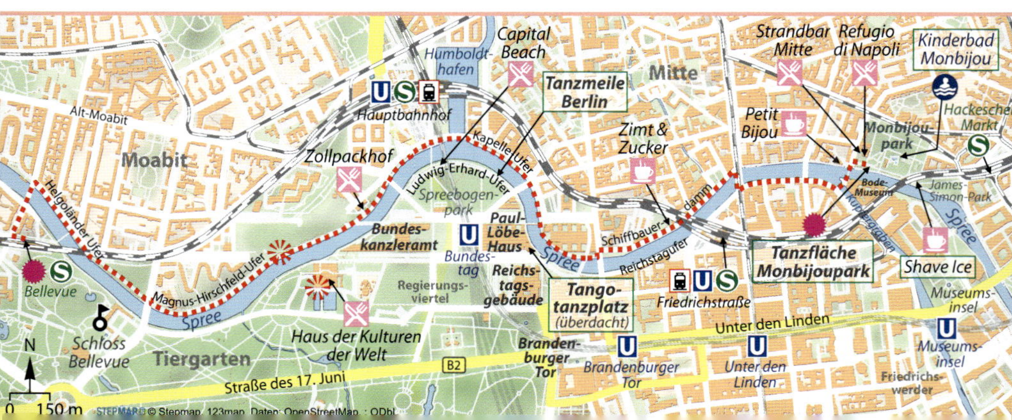

VABALI SPA BERLIN

Inmitten des hektischen Berliner Großstadttreibens entführt eine perfekte Wohlfühloase mit 13 Saunen, Massagen und Wellness-Anwendungen seine Gäste in eine fernöstliche Welt.

Besonders dann, wenn das Wetter mal nicht so mitspielt, zieht es uns in der wasserreichen Hauptstadt in den 20.000 m² großen **balinesischen Wellness-Tempel,** der es in sich hat. Über zwei Etagen versprechen eine Panorama-, Bio-, Garten-, Birken- ocer Meditationssauna sowie mehrere große Aufguss-Saunen, zwei Campfbäder und ein Laconium einen ganzen langen Tag wundervolle Entspannung.

Die ganze Inneneinrichtung aus organischen Materialien ist edel und in sattes Türkis und warme Holztöne getaucht – einfach ein magischer Ort. Die Fülle der **Aufgusszeremonien** reicht von klassischen Aufgüssen über Salz- & Honig-Peelings bis hin zur belebenden Wellnesszeremonie mit Meditations- und Kräuteranwendungen.

Im großen **Garten,** umgeben von altem Baumbestand, und rund um den Außenpool gruppieren sich gemütliche Sitzecken und Sonnenliegen, auf denen man nach der **Sauna oder Massage** herrlich entspannt. Alternativ liegt man warm eingekuschelt im Kaminzimmer, Ruheraum oder auf dem Sonnendeck.

Oder wir genießen ein leckeres Essen oder vitaminreiches Getränk der **vabali Küche.** Egal ob vegetarisch, vegan, frischer Fisch oder zartes Fleisch – das Restaurant erwartet uns schon mit asiatischen, mediterranen und regionalen Köstlichkeiten.

BESTE ZEIT
Das ganze Jahr über.

START & ANREISE
vabali spa Berlin, Seydlitzstr. 6, 10557 Berlin. vabali.de

Für 2,50 € parkt man an der Saunaoase.

Vom *Hauptbahnhof* läuft man 800 m, von der Bushaltestelle *Seydlitzstr. (Berlin)* sind es 400 m zu Fuß.

DAUER
Täglich geöffnet, im Sommer (Apr-Sep) 9-24 Uhr, im Winter (Okt-Mär) 8-24 Uhr.

Es gibt 2-/4-Std.- oder Tageskarten.

WAS BRAUCHE ICH
Das vabali ist eine textilfreie Anlage. Zur Nutzung der Sauna und Pools wird je ein Handtuch oder Hamamtuch benötigt. Um sich auf dem Gelände zu bewegen, sind ein Bademantel und Badeschuhe ideal.

Im Restaurant sowie im Loungebereich besteht Bademantelpflicht.

GUTES ESSEN
Die Küche des *vabali spa Restaurants* wird getragen von gesunden, asiatischen und mediterranen Köstlichkeiten und leckeren Getränken.

Café Honiggelb – gelbe Oase der Gemütlichkeit (Di-Do 11-17, Fr+Sa 10-18) honiggelb.berlin

EXTRA-TIPP
Hamburger Bahnhof – Nationalgalerie der Gegenwart – im ehemaligen Empfangsgebäude des Bahnhofs. Ein Besuch lohnt immer, nicht nur wegen der imposanten Stahlkonstruktion der Innenhalle. Mit Café und Buchladen. smb.museum/museen-einrichtungen/hamburger-bahnhof

ÜBERNACHTUNGSTIPP
Durch den nahen *Hauptbahnhof* gibt es in der Umgebung jede Menge Einkehr- und Übernachtungsmöglichkeiten. 2 Tipps:

Martas Gästehäuser – Hostel gegenüber des Vabali im ehemaligen Jugendgästehaus. Schlicht, zentral und preisgünstig, mit Kiezkantine, Family Lounge uvm. hbf-berlin.martas.org

Wallyard Hostel – lässiges Interieur Design und das Motto: „Nimm Reisende freundlich auf und behandle sie so, wie Du in der Fremde behandelt werden willst.“ – Finden wir gut! wallyard.de

GROSSER TIERGARTEN

Die grüne Lunge Berlins pulsiert zwischen Schloss Charlottenburg und Brandenburger Tor und wird von der "Goldelse" bewacht. Hier kann man wunderbar romantisch verloren gehen inmitten der Alleen, Wiesen und verschlungenen Wasserläufe.

In der Mitte des Tiergartens umkreisen Autos auf dem mehrspurigen Kreisverkehr *Großer Stern* die Siegessäule. Auf ihr blickt "Goldelse" Viktoria auf die *Straße des 17. Juni* hinunter, hinter ihrem Rücken das Brandenburger Tor. Vor allem aber schaut sie auf die unzähligen Bäume des 210 Hektar großen Waldparks. Die Straßen durchschneiden den Tiergarten – das grüne Herz Berlins – wie einen Kuchen in fünf Teile. Jeder lohnt einen Spaziergang.

Im **Südosten** folgen wir dem Parkgewässer vorbei am **Rosengarten** und schlendern über eine Brücke auf die kleine **Luiseninsel**. Nördlich der Straße des 17. Juni grenzt der Tiergarten an die Spree, im **Nordosten** kann man in der *Weltwirtschaft* im **Haus der Kulturen der Welt** einkehren und im **Osten** markiert das Sowjetische Ehrenmal das Ende des Parks. Im **nordwestlichen Teil** befinden sich das **Teehaus** (Mi-So) im **Englischen Garten** und das **Schloss Bellevue.**

Möchte man das Tiergarten-Sahnestück mit allen Kirschen, hält man sich im **südwestlichen Teil** auf. Am Ufer des Landwehrkanals spaziert man entlang und schaut durch die Zäune des **Zoos,** wo Pandas, Pinguine und Elefanten leben. Wir überqueren den **Rosa-Luxemburg-Steg** zur gleichnamigen Gedenkstätte, die an den tragischen Tod der Revolutionärin 1919 erinnert.

Berlins schönster **Biergarten** befindet sich am **Neuen See.** Auf Bierbänken sitzt man unter Lichterketten direkt am See und überlegt sich, nach der Pizza noch eine Runde in den kleinen Ruderbooten über das Wasser zu schippern.

BESTE ZEIT
Jederzeit für Spaziergänge.

START & ANREISE
Der S-Bahnhof *Tiergarten* und der Bahnhof *Zoologischer Garten* befinden sich im Westen des Tiergartens.

Auch der U-Bahnhof *Hansaplatz* sowie die S-Bahnhöfe *Bellevue* und *Potsdamer Platz* sind gute Orte zum Ankommen. Die Buslinien 100, 187 und 106 halten am *Großen Stern* in der Mitte.

WOMIT BIN ICH UNTERWEGS
Zu Fuß.

DAUER
Je nach Laune eine Stunde oder einen ganzen Tag.

WAS NEHME ICH MIT
Regen-/Sonnenschutz, Picknick & -Decke, die Sonntagszeitung oder ein gutes Buch.

GUTES ESSEN
Zwei Biergärten laden zum Biertrinken und Bootegucken ein:

Beim *Schleusenkrug* hat man den Landwehrkanal im Blick. schleusenkrug.de

Das *Café am Neuen See* teilt sich in Biergarten und Restaurant, letzteres ist ganzjährig geöffnet. cafeamneuensee.de

EXTRA-TIPP
Konzertsommer Berlin: Am *Teehaus* finden an Sommersonntagen nachmittags und abends kostenfreie Konzerte draußen auf der Wiese neben dem Teich statt. teehaus-tiergarten.com

SCHLOSS CHARLOTTENBURG

Bei einem Sonntagsspaziergang zwischen Wasser und herrlichem Grün quert man mindestens vier Brücken und weilt ein bisschen länger auf denen mit Schloss- und Spreeblick.

Die **Brücke am Karpfenteich** ist das erste Ziel dieser Tour. Von hier hat man den schönsten Blick auf **Schloss Charlottenburg** und seine Spiegelung im Wasser. Im 18. Jahrhundert nutzten die preußischen Könige das Schloss als Sommerresidenz. Der 55 Hektar große **Schlosspark** ist ein beliebtes Spaziergebiet. Als barocker französischer Garten 1697 angelegt, wurde er 1788 englischer und wilder, mit offenen Rasenflächen – ganz so, wie wir ihn heute finden. Im Osten und Norden schmiegt er sich an die Spree, und spaziert man durch den Park, überquert man immer wieder Brücken über künstlichen Wasserläufen.

Hat man den Schlossgarten mit seinen anmutigen Baumalleen und der kleinen Luiseninsel erkundet – und mit ein bisschen Glück auch die Schafe entdeckt, die hin und wieder den königlichen Garten abgrasen dürfen – folgt man der **Spree** gen Südosten auf dem **Charlottenburger Uferweg** und **Iburger Ufer.** Am Nordufer erheben sich die stattlichen Backsteingebäude des Heizkraftwerks Charlottenburg und über die Spree führt der **Siemenssteg**, eine Fußgängerbrücke aus dem Jahr 1900.

Zwischen **Röntgen- und Dovebrücke** picknickt man und schaut den Booten zu, die von Landwehrkanal, Spree und Charlottenburger Verbindungskanal kommen, während die Kinder auf dem kleinen **Piratenspielplatz** toben.

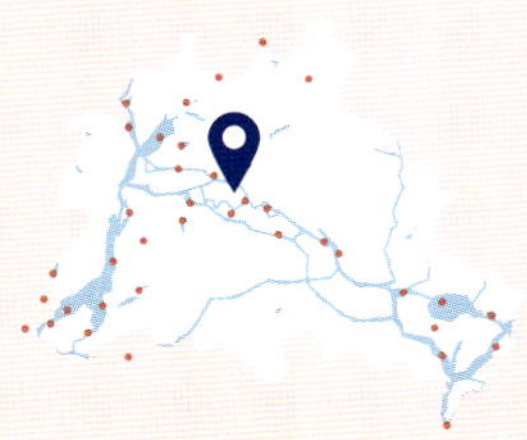

BESTE ZEIT

Jederzeit.

Besonders schön auch im Winter, wenn der Weihnachtsmarkt vor dem Schloss stattfindet.

START & ANREISE

ÖPNV: Mit der S-Bahn zur Haltestelle *Westend* und von dort zehn Minuten zu Fuß zum Schloss.

Genauso weit ist es vom U-Bahnhof *Richard-Wagner-Platz.*

Ein kostenpflichtiger *Parkplatz (P1)* befindet sich vor dem Schloss Charlottenburg (Spandauer Damm 24, 14059 Berlin).

WOMIT BIN ICH UNTERWEGS

Zu Fuß. Im Schlosspark darf man nur auf bestimmten Wegen Rad fahren.

LÄNGE & DAUER

Je nachdem, wie viele Schleifen man im Schlosspark dreht, kommt man auf vier bis sechs Kilometer. Man sollte 1-2 Stunden einplanen.

WAS NEHME ICH MIT

Sonnen-/Regenschutz.

GUTES ESSEN

Ein MUSS für Freunde der russischen Küche ist das mit Blick aufs Schloss gelegene Restaurant *Samowar*. Hier gibt es im liebevoll dekorierten Lokal aus den 1970er-Jahren typische Gerichte wie Bliny und Borschtsch oder auf Vorbestellung ab 4 Pers. Teezeremonie mit Samowar. restaurant-samowar.de

Besonders chillig direkt am Spreeufer sitzt es sich mit Brezel und Bier auf Bierbänken oder in Liegestühlen des Biergartens *CapRivi Berlin* (Apr-Okt, tgl. ab 12 Uhr). caprivi.berlin

Nicht nur wegen der deutschen Tapas und dem kleinen Begrüßungsbier aufs Haus lohnt die *Schnitzelei Charlottenburg* bei der Röntgenbrücke am Südufer. schnitzelei.de/charlottenburg

EXTRA-TIPP

Am Einsteinufer entlang des Landwehrkanals gelangt man zur *Straße des 17. Juni,* wo seit über 45 Jahren am Wochenende (Sa+So 10-17) der älteste Flohmarkt der Hauptstadt stattfindet – der *Berliner Trödelmarkt.* Sonntag mit Kunst- & Kunsthandwerkermarkt berlinertroedelmarkt.com

Schlosspark
Karpfen-teich
Luiseninsel
Schloss Charlottenburg
Tegeler Weg
Osnabrücker Str.
Mierendorff-platz
Charlotten-burg
Mierendorff-insel
Heizkraftwerk Charlottenburg
CapRivi
Verbindungskanal
Charlottenburger
Huttenstraße
Turmstraße
Moabit
Kaiserin-Augusta-Allee
Spree
Alt-Moabit
Levetzowstraße
Helmholtzstraße
Siemenssteg
Schloss-brücke
Caprivi-brücke
Am Spreebord
Röntgen-brücke
Charlottenburger Ufer
Iburger Ufer
Dove-brücke
Piraten-spielplatz
Franklinstraße
Salzufer
Einsteinufer
Landwehrkanal
Spandauer Damm
Westend
Parkplatz P1
Restaurant Samowar
Richard-Wagner-Platz
Schnitzelei Charlottenburg
Otto-Suhr-Allee
Berliner Trödelmarkt Str. des 17. Juni
Tier-garten
Sophie-Charlotten-Str.
Schloßstraße
A100
N
0 150 m
Ernst-Reuter-Platz
Straße des 17. Juni
STEPMAP © Stepmap 123map Daten: OpenStreetMap ; ODbL

DER LIETZENSEE

Der nördlichste der Grunewaldseen befindet sich mitten in Charlottenburg. Ihn umgibt eine grüne Parkanlage mit schönsten Wasserblicken zum Spazieren, Spielen und Sonnenbaden.

Schon Anfang des 19. Jahrhunderts war der **Lietzensee** ein Ort, an dem Kinder und Erwachsene flanierten und sich im Planschbecken erfrischten. Berlins Gartenarchitekt Erwin Barth war für die Parkgestaltung verantwortlich. Nach den Weltkriegen verwilderten die Grünflächen und wurden aber nach und nach wieder hübsch gemacht und stehen heute unter Denkmalschutz.

Heutzutage spaziert man auf dem zweieinhalb Kilometer langen Weg am **Westufer** zwischen kräftigen Ahornbäumen, sonnigen Liegewiesen, Pausenbänken. Man teilt sich den **Lietzenseepark** mit Joggern, Kinderwägen und Statuen am Wegesrand, wie z.B. dem Sandalenbinder von Fritz Röll (1909). Kinder toben und klettern auf dem schönen, großen **Spielplatz** *Altes Fischerdorf*.

Die **Große Kaskade** befindet sich am **südlichsten Punkt** am Dernburgplatz. Sie wurde 1913 gebaut, unter anderem auch mit der Idee, das Algenwachstum zu verringern. Baden sollte/darf man allerdings nicht. Die Kaskade verleiht dem See hingegen ein romantisches Flair, und an heißen Sommertagen läuft man einfach zur Abkühlung durch die spritzenden Wassersprenger.

Das **Ostufer** ist größtenteils mit Häusern bebaut – hochherrschaftliche Wohnhäuser im *Charlottenburger Barock*. Dazwischen das Hotel Seehof mit großer Terrasse und am Kuno-Fischer-Platz und am Witzlebenplatz etwas Grün.

 Der Lietzensee Charlottenburg-Witzleben

BESTE ZEIT
Jederzeit für einen kleinen Spaziergang im Grünen.

START & ANREISE
Eingang im Norden: Lietzenseepark, Wundtstr. 38, 14057 Berlin.

Parkplätze findet man in den umliegenden Straßen.

ÖPNV: Wenige Gehminuten entfernt sind der S-Bahnhof *Messe Nord ICC (Witzleben)* und der U-Bahnhof *Sophie-Charlotte-Platz.*

WIE BIN ICH UNTERWEGS
Zu Fuß.

WAS NEHME ICH MIT
Sonnen-/Regenschutz, Picknickdecke, ein schönes Buch, das man schon immer lesen wollte.

GUTES ESSEN
Selbstgemachte Suppen und Kuchen gibt es bei *Brot & Schokolade.* brot-und-schokolade.de

Schönsten Seeblick, Pizza und Eis auf der Terrasse vom *Bootshaus Stella.* bootshausamlietzensee.de

Wiener Schnitzel und bayerische Biere im *Engelbecken.* engelbecken.de

Gegenüber lässt man sich Frühstück, Mittagessen oder Kuchen auf der beliebten Terrasse vom *Café Manstein* schmecken.

Kleiner Kiez-Geheimtipp – besten Kaffee von *We Roast Coffee* und Eis von *Eis de Rix* gibt es nahe der Großen Kaskade bei *Kuno15.* instagram.com/kunofuenfzehn

EXTRA-TIPP
Dem charmanten, 1925 erbauten Parkwächterhaus wird wieder Leben eingehaucht. Unregelmäßig finden kleine Events statt. parkhaus-lietzensee.de

KLEIN-VENEDIG

Eine überraschend idyllische Kanalsiedlung befindet sich im Westen von Berlin und nennt sich Klein-Venedig. Paddelt man die Kanäle entlang, fühlt man sich gleich selbst als Teil der entspannten Wochenendhaussiedlung.

Von einem „Dorf im märkischen Land / Von Wald und Wasser und Wiesen umgeben" wird in der **Tiefwerder** Hymne erzählt und es hat nichts an seiner Aktualität verloren. Noch immer so verträumt, mittlerweile ein bisschen bekannter, liegt dieses Dorf aus Wohnungen und Wochenendhäusern zwischen Spandau und der Heerstraße.

An Land folgen wir dem **Hauptgraben,** auf dem farbenfrohe Ruderboote ruhen, und blicken über die Weite des Landschaftsschutzgebietes **Tiefwerder Wiesen,** auf der manchmal Büffel, die natürlichen Landschaftsgärtner, grasen.

Wir befinden uns in einem natürlichen Überschwemmungsgebiet, das im Frühling meist noch überflutet wird und damit einer reichen Artenvielfalt von Pflanzen und Tieren ein Zuhause gibt. Kuckuckslichtnelken, Pfennigkraut und Sumpfdotterblumen findet man hier, ihre Namen schon ein Gedicht. Es ist das letzte Laichgebiet des Hechts in Berlin.

Klein-Venedig würde seinem Namen nicht gerecht werden, wenn man es nicht auch von seinen Wasserstraßen aus erkunden könnte. Dafür nimmt man das Paddel selbst in die Hand, paddelt neben Wasservögeln vom Bootsvermieter Der Bootsladen zum **Stößensee** oder zum **Kleinen und Großen Jürgengraben** gen Norden.

BESTE ZEIT

Von Frühjahr bis Herbst.

START & ANREISE

ÖPNV: Mit der Buslinie M49 zur Haltestelle *Pichelswerder* und von dort in den Brandensteinweg laufen. Für den *Tiefwerder Rundweg* biegt man gleich links in den Wald ein, zum Vermieter *Der Bootsladen* läuft man 700 Meter weiter durch die Wochenendkolonie.

Alternativ erreicht man Klein-Venedig auch per Rad auf der fahrradfreundlichen Parallelstraße der Heerstraße.

Parkplätze gibt es nur sehr wenige vor Ort, man kann es südlich der Heerstraße bei *Ketchup & Fries* versuchen.

WOMIT BIN ICH UNTERWEGS

Zu Fuß oder auf dem Wasser mit Kanu oder SUP, die es von April bis Oktober beim *Der Bootsladen* zu mieten gibt. der-bootsladen.de

WAS NEHME ICH MIT

Regen-/Mückenschutz, Proviant für ein Picknick am Kanal. Paddler auch Wechselkleidung im wasserdichten Packsack.

GUTES ESSEN

An der Heerstraße (Freybrücke) hat die *Spandauer Fischerei* einen kleinen Kiosk (Sa+So 10-17) mit leckeren Fischbrötchen und Räucherfisch.

"Ketchup & Fries" Waldschänke am Stößensee, wo man sich nach der Rundwanderung Pommes oder Currywurst („Die beste seit 1961") gönnt.

Im *Café Klein-Venedig* im Garten von *Der Bootsladen* genießt man richtig tollen selbstgebackenen Kuchen, herzhafte Snacks und köstlichen Kaffee. cafekleinvenedig.de

EXTRA-TIPP

Verträumt kann man die Kanäle paddelnd entdecken, doch wer es sportlicher mag, wagt sich weiter vor:
Auf der Havel gen Norden bis zur Spandauer Altstadt, Zitadelle und weiter bis zum Tegeler See oder gen Süden über die Havel bis zum Großen Wannsee.

Berlin

PANKERADWEG

Die Panke ist ein guter Navigator, um raus aus der Stadt zu kommen. Zwischen alten Fabrikgebäuden, Trauerweiden und Abenteuerspielplätzen folgen wir dem schmalen Fluss Richtung Norden. Ein herrlicher Radweg mit viel Grün!

Im Ortsteil **Gesundbrunnen** ist die **Panke** noch sehr urban, führt an einer 100 Jahre alten Fabrik vorbei, wo sich Künstler, Firmen und Handwerker zusammengefunden haben. Der industrielle Charme hält an, wenn wir im *Café Pförtner* unseren Cappuccino in einem alten Stadtbus auf dem ehemaligen BVG-Gelände trinken. Bitte nicht vergessen, einen Blick auf die **Bibliothek am Luisenbad** zu werfen: Das Gebäude in einem ehemaligen Heilbad ist ein echter architektonischer Hingucker.

Der 23 Kilometer lange Fluss ist auf eine ruhige, kaum fließende Art sehr widerstandsfähig. Er fließt seinen Weg, sei es entlang betonierter Ufermauern oder natürlicher Uferlandschaften. Einst wurde er mit dem Beinamen Stinke-Panke gehänselt, als die Gerbereien und Färbereien ihre Abfälle in sein Wasser kippten. Nichts davon ist mehr zu riechen.

Nach der Bibliothek werden die **Pankeufer** grüner und locken die Städter an, die dem Fluss auf ihren Gassirunden, Joggingstrecken und Kinderwagen-Spaziergängen folgen. Auch Radler sind unterwegs auf dem Pankeradweg, der uferwechselnd gen Norden führt.

Im nach dem Fluss benannten Ortsteil **Pankow** trifft man auf zwei schöne Parks: Den **Bürgerpark Pankow,** wo die Kinder schnell Richtung **Kinderbauernhof Pinke-Panke** verschwinden, und den **Schlossgarten Schönhausen,** wo man ausgedehnte Spaziergänge unternehmen kann.

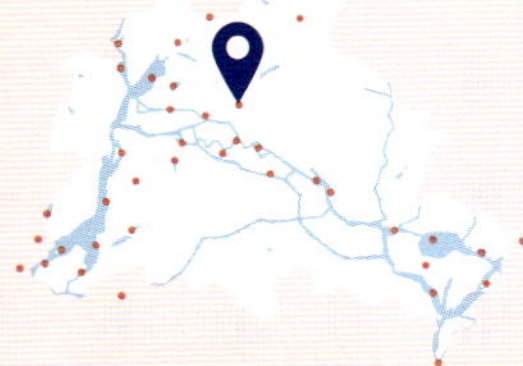

BESTE ZEIT

Herbst bis Frühling.

START & ANREISE

Vom S- und U-Bahnhof *Wedding* biegt man in die Gerichtstraße und folgt ab der Neuen Gerichtstraßenbrücke der Panke.

Der Fluss ist nie weit von einer S-Bahnstation entfernt, man kann jederzeit abkürzen.

Für eine gemütliche Radtour mit Kindern oder zu Fuß bietet sich als Ziel die S-Bahnstation *Pankow* für den Heimweg an. Man kann aber auch bis Bernau radeln.

WOMIT BIN ICH UNTERWEGS

Mit dem Fahrrad. Zu Fuß natürlich auch möglich.

LÄNGE

9 Kilometer sind es vom S-Bahnhof Wedding bis zum S-Bahnhof Pankow – bis nach Bernau sind es 30 Kilometer.

WAS NEHME ICH MIT

Regen-/Sonnenschutz, Fahrrad-Reparatur-Set.

GUTES ESSEN

Frühstücken im Bus im *Café Pförtner* pfoertner.co

Frühstück, Mittagessen und Abendgetränke gibt es im *Café Dujardin* auf der Uferstraße. cafedujardin.de

Im Sommer ein Eis im *Café Luise* (tgl. 12-19) an der Bibliothek. cafeluise.business.site

Auch an schönen Herbsttagen hat das *Café Sommerlust* im Schlossgarten Schönhausen mit Sitzplätzen im Freien offen. sommerlust.berlin

EXTRA-TIPP

Panke Culture – Bar, Gartenbistro (Mi-So 12-open end), Musik Club, Galerie, Sonntag alle zwei Wochen Flohmarkt. pankeculture.com

EXTRA-TIPP FÜR KINDER

Etliche Spielplätze gibt es entlang der Panke.

Tolles Programm (wie Gartenprojekte und Hüttenbauen) bietet der *Abenteuerspielplatz Panke.* asp-panke.de

Tiere, Koch- & Holzwerkstatt sowie Lagerfeuer gibts beim herrlich entspannten *Kinderbauernhof Pinke-Panke* (Mi-So, 16 Uhr Tierfütterung). kinderbauernhof-pinke-panke.de

BIBLIOTHEK

Pinke
Panke
Spielraum e.V.
Pädagogisch betreuter Spielplatz
mit Tierhaltung

DER PLÖTZENSEE

Der Stadtsee von Berlins nördlichen Bezirken ist Treffpunkt und Naturrückzug zugleich – man muss nur wissen, wohin. Ein See für alle Jahreszeiten.

Die **Plötze,** wie der Weddinger See oft einfach nur genannt wird, kann auch Winter: Ist sie zugefroren, was ja nur alle Jubeljahre passiert, wagen sich Mutige mit Schlittschuhen und Eishockeyschlägern darauf.

Natürlich ist die Plötze im Sommer am beliebtesten. Dann ist am **Westufer** das unter Denkmalschutz stehende **Strandbad** aus den 1920er Jahren gefüllt. Die Kleinen planschen im Nichtschwimmerbereich oder krabbeln die Hüpfburg hinauf, die Großen schwimmen, paddeln mit **SUPs** (Vermietung im Bad) oder genießen Drinks und **Musikveranstaltungen**. Das Bad bietet auch ein Kurzzeitticket für zwei Stunden an – genug für eine Schwimmrunde und Pommes hinterher.

Der gesamte See ist Landschaftsschutzgebiet. Am **Südzipfel** des Sees kann man sich **Ruderboote** mieten. Das **Ostufer** gehört den Tieren – hier sollte man nicht ins Wasser hüpfen.

Wie zur Erinnerung zieht eine majestätisch anmutende Schwanenfamilie regelmäßig ihre Runden über den Plötzensee und freut sich bestimmt, wenn ab Herbst nur noch ein paar **Eisschwimmer** ins Wasser springen.

BESTE ZEIT
Strandbad im Sommer (Mai-Sep).

START & ANREISE
Strandbad Plötzensee, Nordufer 26, 13351 Berlin.

ÖPNV: Vom U- & S-Bahnhof *Westhafen* sind es 20 Min. Fußweg über die Föhrer Brücke und dann am Kanalufer entlang zum Strandbad.

Von der Tram-Station *Virchow-Klinikum* sind es 15 Minuten zu Fuß.

Kostenfreie Parkplätze beim Strandbad oder an der Straße Dohnagestell zwischen Plötzensee und Rehberge.

WAS NEHME ICH MIT
Sonnenschutz, Badesachen.

GUTES ESSEN
Im Strandbad stillen die *Pizzeria Monella* mit Eis, Pizza, Nachos und Hot Dogs den Badehunger, die *Beach Bar* den Durst.

EXTRA-TIPP
Jeden Samstag von November bis März treffen sich am Ostufer die *Ice Dippers* zum Eisschwimmen und Meditieren.
icedippers.com

Hinter dem Plötzensee schließt sich der 115 Hektar große *Volkspark Rehberge* mit Spazierwegen durch Wald und über Wiesen sowie Spielplätzen und einem Wildgehege an – perfekt für einen Naturkick mitten in der Stadt. Die Freilichtbühne im Park wird im Sommer sogar als Open Air Kino genutzt.

Am Südzipfel des Sees bekommt man bei der Fischerpinte *Düring Wolfgang Bootsverleih* Tret- & Ruderboote, aber auch Eis, Wurst und Brause.

Wedding
Volkspark Rehberge
Dohnagestell
Transvaalstraße
Afrikanische Straße
Winterbadestelle der Ice Dippers
SUP-Vermietung
Pizzeria Monella & Beach Bar
Strandbad
Plötzensee
Virchow-Klinikum
Düring Wolfgang Bootsverleih
Charlottenburg-Nord
Seestraße
Moabit
Föhrer Brücke
Westhafen
A100
N
0 150 m
© Stepmap, 123map Daten: OpenStreetMap, ODbL

SAATWINKLER DAMM

Statt auf dem Saatwinkler Damm neben den Autos aus der Stadt hinauszudüsen, wählt man die grüne Alternative am nördlichen Ufer des Berlin-Spandauer Schifffahrtskanals: Ein idyllischer Weg führt zwischen Kanal, Bäumen und Kleingärten zum Tegeler See und bringt einen sofort in Seestimmung.

Anfangs holpert es noch ein bisschen durch die erste Kleingartenanlage, da sich Wurzeln unter dem Asphalt aufbäumen. Doch ab der Hinckeldeybrücke läuft fast alles glatt.

Auf Fahrrädern sausen Pendler, Radreisende, Badefreudige und andere Ausflügler in beide Richtungen, dazwischen laufen Spaziergänger in gemächlichem Tempo. Die Blicke huschen hin und her von schmucken Kleingartenhäuschen zu Paddler und Enten auf dem Kanal und zu anderen Wegbegleitenden. Fährt man bis zum **Saatwinkler Steg,** kann man abends manchmal beim Kanu-Polo zuschauen.

Am südlichen Ende des **Tegeler Sees** ist der herrlich sandige **Badestrand Saatwinkel,** wo selbst an ganz heißen Wochenendtagen die Berliner erst mittags ihre Handtücher ausrollen. Wer hungrig ist, holt sich Fischbrötchen, Currywurst oder Eis vom **Kiosk im Saatwinkel,** fünf Minuten vom Strand entfernt.

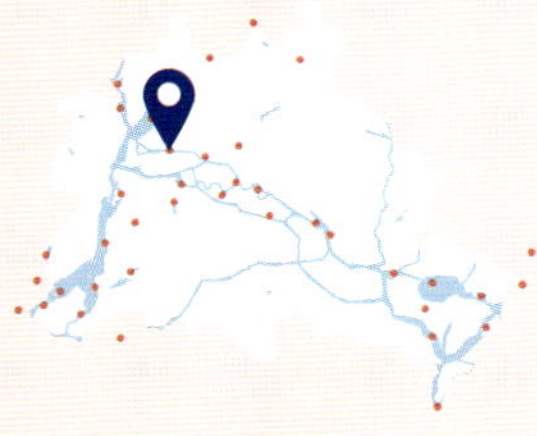

BESTE ZEIT

Am Wochenende für Spaziergänger, unter der Woche kommen Radler schneller voran.

START & ANREISE

Mit dem Fahrrad ist man in fünf Minuten vom S-/U-Bahnhof *Westhafen* am Plötzensee und fährt zunächst auf der Straße Nordufer durch die Kleingartenkolonie, dann am Nordufer des Kanals.

Zurück radelt man den gleichen Weg oder nimmt die S-Bahn ab *Spandau* oder die U7 ab *Paulsternstraße*.

WOMIT BIN ICH UNTERWEGS

Mit dem Fahrrad oder zu Fuß.

LÄNGE & DAUER

In einer guten halben Stunde radelt man die neun Kilometer.

WAS NEHME ICH MIT

Sonnen-/Regenschutz, Badesachen.

GUTES ESSEN

Beim *Kiosk im Saatwinkel* gibt es Fischbrötchen und andere Snacks für den kleinen Mittagshunger.

Das *Fährhaus Saatwinkel* serviert im Winter eine ganze Palette an Fondues am Kamin und im Sommer Gegrilltes und Gebrautes auf der Biergartenterrasse. faehrhaus-saatwinkel.de

Fast am Kanal liegt der Garten des *Jägerhäuschen*, wo es Flammkuchen, Räucherfisch und allerlei Kuchen gibt. jaegerhaeuschen.de

EXTRA-TIPP

Vor allem als Familie lohnt auch ein Abstecher zum *Volkspark Jungfernheide*, südlich des Saatwinkler Damms: In dem weitläufigen Park gibt es nicht nur das *Strandbad am Jungfernheideteich*, sondern auch ein *Waldhochseilgarten* (waldhochseilgarten-jungfernheide.de), ein kleines Tiergehege in der *Erlebniswelt Jungfernheide* (z.Zt. nur Di-Fr 10-17, erlebniswelt-jungfernheide.de) und zwei gemütliche *Biergärten*. kulturbiergarten.de sommergarten.berlin

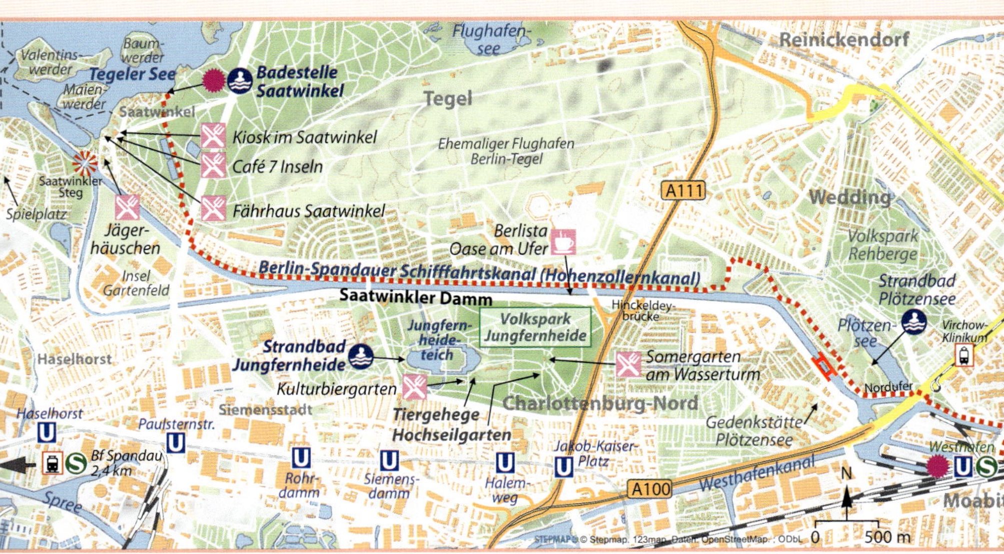

FLUGHAFENSEE

Einst der Lieblingssee nicht nur der Nordberliner, ist er zwar inzwischen in die Jahre gekommen, aber immer noch beliebt.

Mit bis zu 34 Metern ist er der tiefste See Berlins. Durch Abbau von Kies in den 1950er- bis 70er-Jahren künstlich entstanden, erfreut er sich mit seinem klaren Wasser und breiten Sandstrand großer Beliebtheit. Mehrere Bereiche zum Betreten und Baden wurden jüngst gesperrt, sodass nur am **Westufer** im abgeflachten Uferbereich der **Badestelle,** die auch zum Sonnenbaden und Entspannen einlädt, das Baden erlaubt ist.

Sicherheitshalber erkundigen wir uns vor dem Besuch im Internet (badestellen.berlin.de) nach der Wasserqualität. Wir haben auch einen gut gefüllten Picknickkorb dabei, denn direkt am See gibt es keine Gastronomie.

Da der 30 Hektar große Baggersee abseits von größeren Straßen liegt, lohnen sich auch Spaziergänge auf den schönen **Uferwegen.** Am südwestlichen Ufer lässt sich das Vogelschutzreservat von **Aussichtspunkten** überblicken.

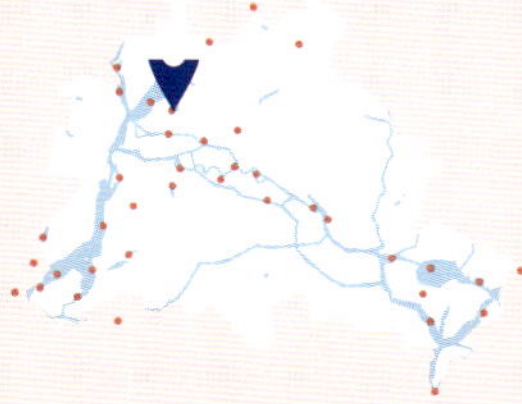

BESTE ZEIT

Im Sommer.

START & ANREISE

Rund 15 Minuten Fußweg von der U-Bahn *Holzhauser Straße* zum Badestrand.

Parkmöglichkeiten gibt es in der Seidelstraße.

WAS NEHME ICH MIT

Badesachen, Sonnenschutz, Picknick, Mückenschutz.

EXTRA-TIPP

Im Mischwald des *LSG Jungfernheide (Forst)* kann man ausgedehnte Spaziergänge bis zum Tegeler See unternehmen. Das bis 1800 als kurfürstliches und königliches Jagdrevier genutzte Waldgebiet blickt auf eine lange Geschichte der militärischen Nutzung zurück – um 1800 Artillerie-Schießplatz von König Friedrich Wilhelm III., zwischen 1896 und 1901 Kasernenbauten für das Luftschiffer-Bataillon Berlin-Jungfernheide und in den 1930er-Jahren Raketenflugplatz.

TEGELER SEE

Berlins zweitgrößter See bietet genug Fläche für etliche Wassersportaktivitäten. Entweder begibt man sich selbst mitten rein und schippert um die Inseln herum, oder beobachtet das Geschehen vom waldreichen Uferrundweg aus.

An warmen Sommertagen ist auf dem 450 Hektar großen See so viel los wie auf dem Tempelhofer Feld, nur die Sportarten unterscheiden sich: SUPs, Kanus und Schlauchboote gleiten über das Wasser, kleine Motorboote und größere Yachten queren den See, am Rand schwimmen Menschen zwischen Ufer und Bojen oder beobachten das Treiben vom Waldweg aus. Die Überraschung ist groß, wenn im Trubel plötzlich ein großes Dampfschiff auftaucht: Die silber glänzende MS Moby Dick in Form des berühmten Wales (Berlins wohl bekanntestes Fahrgastschiff) oder die MS Havel Queen, die in majestätischer Mississippi-Manier von Tegel ausläuft.

Nicht nur auf dem Wasser des Tegeler Sees ist es schön: Ein **Uferweg** führt vom **Fähranleger / Badestelle Saatwinkel** durch Mischwald gen Norden. Man kommt an etlichen Badebuchten und dem **Fähranleger Reiswerder** vorbei, bis man in **Alt-Tegel** die **Greenwichpromenade** erreicht und dort mit anderen Tagesausflüglern flaniert.

Weiter geht es durch den **Tegeler Forst,** am **Strandbad Tegelsee** vorbei, zur **Fährstation Tegelort.** Am Wochenende gelangt man mit einer kleinen Fähre über **Valentinswerder,** wo sich der Tegeler See aus der Havel windet, an den Ausgangspunkt Saatwinkel zurück. Alternativ mit dem Bus 222 von Tegelort zur U-Bahn Alt-Tegel.

BESTE ZEIT

Am schönsten natürlich im Sommer, aber auch an dunklen Wintertagen ideal, um Licht aufzutanken. Dann fährt jedoch die Fähre nicht (aber der Bus 222).

START & ANREISE

ÖPNV: Bushaltestelle *Maienwerderweg*, wo der Bus 133 hält – entweder von Tegel/Alt-Tegel oder Haselhorst kommend. Von dort sind es 10 Min. Fußweg zur Badestelle Saatwinkel, wo es auch ein paar Parkplätze (Im Saatwinkel 65, 13599 Berlin) gibt.

Die *Fähre Tegeler See* fährt von ca. Ende März bis Anfang November, Freitag bis Sonntag und an Feiertagen zwischen *Valentinswerder – Tegelort/Hakenfelde – Havelspitze – Saatwinkel.* faehre-tegelersee.de

Um die *Greenwichpromenade* und damit den Anleger der Ausflugsschiffe der Stern- & Kreisschiffahrt zu erreichen, fährt man zum U-Bahnhof *Alt-Tegel* oder S-Bahnhof *Tegel.*

WOMIT BIN ICH UNTERWEGS

Zu Fuß. Tret- & Ruderboote sowie Kanus kann man an der Greenwichpromenade nahe der Hafenbrücke „Sechserbrücke“ mieten.

LÄNGE & DAUER

Etwa drei Stunden reine Lauf- bzw. Paddelzeit für 13 Kilometer.

WAS NEHME ICH MIT

Bequeme Schuhe, Regen-/Sonnen-/Mückenschutz, Badesachen.

GUTES ESSEN

Zur *Inselbaude* (Mi-So) auf der *Insel Reiswerder* fährt die Fähre bis in den Herbst, dort gibts Bratkartoffeln, Schlemmertöpfe und Kuchen. reiswerder.de

Eiscafé Crème de la Crème – mitten in Alt-Tegel genießt man Eis der Berliner Eis-Manufaktur *Florida Eis* – ehrlich und ohne künstliche Aromastoffe.

EXTRA-TIPP

Die *Dicke Marie,* Berlins ältester Baum, steht seit 1192 nahe dem *Schlosspark Tegel.* Nebenan im Renaissance-Schloss haben der Naturforscher Alexander von Humboldt und sein Bruder Wilhelm viele Jahre ihrer Kindheit verbracht und im nahen *Familiengrab* ihre letzte Ruhe gefunden.

Die Humboldt-Brüder nannten die alte Eiche scherzhaft nach der beleibten Köchin des Hauses, denn fünf große Männer sind nötig, um ihren Stamm zu umfassen.

Insel Valentinswerder – Zur absoluten Entschleunigung fahren wir mit der Fähre Tegelort-Saatwinkel auf die nur 800 Meter lange Insel, auf der nur wenige Einwohner ständig leben. Im Sommer ist ein Spaziergang auf den sandigen Wegen, vorbei an idyllischen Villen und lauschigen Gärten, eine echte Atempause vom Alltag. Gastronomie – Fehlanzeige, daher sollte man Trinken und ein Picknick dabeihaben. valentinswerder.de

Grabstelle Humboldt
Schlosspark Tegel
Schloss Tegel
Dicke Marie
Tegeler Forst
Tegel
Minigolf & Bootsvermietung Mühl
Nordgraben
Sechserbrücke
Alt-Tegel
Tegel
Stern- & Kreisschiffahrt
Greenwichpromenade
Eiscafé mit Florida Eis
Spielplatz
A111
Havel
Konradshöhe
Hasselwerder
Strandbad Tegelsee
Borsigdammbrücke
Borsigwerke
Tegeler See
Arbeiterstrand
Auto-Fähre Hakenfelde-Tegelort
Lindwerder
Bernauer Straße
Parkplatz Tegeler See
Tegelort
Bernauer Str./Wassersportvereine
Scharfenberg
Fähre Reiswerder
Tegelort
Badestelle Reiswerder
Tegelort
Inselbaude
Hakenfelde
Weg nach Reiswerder
Tegel
Flughafensee
Personenfähre Tegelort-Saatwinkel
Reiswerder
Hakenfelde
Baumwerder
Valentinswerder
Jungfernheide (Forst)
Saatwinkel
Bernauer Str.
Havelspitze
Maienwerder
Maienwerderweg
Havel
Haselhorst
Berlin-Spandauer Schiffahrtskanal
Badestelle Saatwinkel
Personenfähre Tegelort-Saatwinkel fährt nur Apr-Okt Fr-So!
Ehemaliger Flughafen Berlin-Tegel
Haselhorst 2,2 km
N
0 300 m
STEPMAP © Stepmap, 123map Daten: OpenStreetMap · ODbL

ENTLANG DER HAVEL VON SPANDAU NACH HENNIGSDORF

Flanierend, radelnd oder paddelnd hält man Ausschau nach Bibern, sucht Spuren der Vergangenheit unter Wasser und auf Inseln – die Havel zwischen Spandau und Hennigsdorf lädt zu einem ganzen Erkundungstag ein.

Die **Havel** weist nur eine geringe Strömung auf, weswegen man auf ihr in beide Richtungen paddeln kann. Am **Ostufer** blickt man auf die hübschen Häuser von **Konradshöhe** und **Heiligensee**.

Ab dem **Jagdhaus Spandau,** gut 2 km südlich des **Grenzturms Nieder Neuendorf,** verläuft die Landesgrenze Berlin–Brandenburg auf der Havel. Nördlich des Grenzturms im **Nieder Neuendorfer See** sollte man das Paddeltempo ein bisschen zurücknehmen und sich ganz genau umschauen. Alte Schiffe rosten im Wasser vor sich hin. Sie dienten einst als Grenzbarriere, damit zu DDR-Zeiten keine Boote von Ost nach West fahren konnten. Mittlerweile wachsen Bäume heraus und Graureiher wohnen hier. Segler und Motcrboote trauen sich nicht so nah heran wie Paddler.

Mit ebenso ruhigen Paddelschlägen erkundet man das Naturschutzgebiet der **Schwimmhafenwiesen** bei **Hennigsdorf.** Da die Halbinsel einst im Grenzgebiet lag, konnte sich die Natur ungestört entwickeln und Heimat von Bibern, Sumpf- und Wasservögeln werden.

Am **Westufer** verläuft die **Uferpromenade** entlang des Strandes der **Badestelle Nieder Neuendorf,** weiter gen Süden am DLRG-bewachten **Sandstrand Bürgerablage** bis nach **Hakenfelde**.

BESTE ZEIT

Frühling, Sommer, Herbst.

START & ANREISE

ÖPNV: Mit der Bahn zum *Bhf Hennigsdorf* oder *Bhf Spandau.* Evtl. mit dem Bus zum SUP Center oder Wassersport-Club.

An den Badestellen und bei den Kanuvermietern gibt es Parkplätze.

WOMIT BIN ICH UNTERWEGS

Mit dem Kanu.

Im Stadthafen Hennigsdorf zu mieten bei *Kajakguru.* Auch als One-Way-Tour von Hennigsdorf nach Spandau/Pichelssee zu buchen. kajakguru-verleih.de

Der *Spandauer Wassersport-Club* in Hakenfelde vermietet auch Boote. swc-berlin.de

Beim *SUP Center Berlin* auf Eiswerder in Spandau bekommt man SUP-Boards. supcenter.berlin

LÄNGE & DAUER

Je nachdem wie weit/wohin man paddeln möchte.

Für die 16 Paddelkilometer (One-Way) von Hennigsdorf bis zur Aussetzstelle von Kajakguru in Pichelsdorf braucht man gemütlich einen ganzen Tag. Die Schleuse Spandau wird mit Hilfe einer Bootsschleppe umtragen.

Von Hennigsdorf zur Zitadelle Spandau und zurück sind es 24 km – ein sportlicher Paddeltag.

WAS NEHME ICH MIT

Regen-/Sonnen-/Mückenschutz, Wechselkleidung (wasserdicht verpackt), Badesachen.

GUTES ESSEN

Restaurant (und Hotel) *Himmel & Havel* in Hakenfelde bietet moderne Deutsche Küche direkt am Fähranleger der Auto-Fähre nach Tegelort.
himmel-und-havel.de

Das *Jagdhaus Spandau* hat einen Biergarten direkt am Strand der Bürgerablage.
jagdhaus-spandau.de

Im Stadthafen Hennigsdorf stillt man nach einer Paddeltour den Durst bei der *Varuna Beach Bar* und den Hunger nach Pizza, Pasta und Antipasti bei der Trattoria *Steg Café da Salvatore.*
steg-cafe.digipizza.de

EXTRA-TIPP

Entlang der Uferpromenade am Westufer verlaufen auch zwei *Fernradwege:* Der *Havel-Radweg* und der *Radweg Berlin – Kopenhagen.* Hat man mehr Zeit, könnte man in etwa zwei Tagen zur Havelquelle in Ankershagen oder in zwei Wochen nach Kopenhagen weiterradeln – oder einfach nur bis Hennigsdorf, wo die S 25 in einer halben Stunde zurück nach Berlin fährt.

Miete Dir ein Floß bei *Huckleberrys Tour* und schipper die Havel entlang. Die Floßstation liegt neben der Fähre Tegelort – Hakenfelde.
huckleberrys-tour.de

Grenzturm Nieder Neuendorf – einer der letzten vorhandenen Wachtürme der DDR. Hier kann man die Geschichte der Teilung Berlins und ihre Auswirkung für die Region und auf die Stadt Hennigsdorf hautnah anhand einer Dauerausstellung und historischen Filmaufnahmen erleben.
hennigsdorf.de >Stadtleben >Kunst und Kultur >Grenzturm-Nieder-Neuendorf

HEILIGENSEE

Der 700 Jahre alte Ort Heiligensee umarmt den gleichnamigen See und ist einen ganzen Tagesausflug wert. Zwischen Kopfsteinpflasterstraßen, Wasserblicken und Wäldern liegt eine hübsche historische Berliner Ecke mit kulinarischem Highlight!

Auf der **Sandhauser Brücke** orientieren wir uns: Gen Westen schauen wir auf die **Havel**, gen Osten breitet sich der 25 Hektar große **Heiligensee** aus. Dieser befindet sich seit 1910 im Privatbesitz, und der Familie Voormann war Naturschutz schon immer sehr wichtig – Motorboote dürfen ihn nicht befahren. So sind in den letzten Jahren Biber zurückgekehrt und der See ist wieder klarer geworden. Laufen wir die Sandhauser Straße hinunter, liegt linker Hand das **Seebad Heiligensee** mit dazugehöriger Gaststätte – der einzige öffentliche Zugang zum See, der Rest gehört Kleingärtnern und Saunafreunden.

Ans Westufer schmiegt sich der 700 Jahre alte Ortskern **Alt-Heiligensee** mit typischem Anger – einer der schönsten Dorfanger Berlins – aus langgezogenem Park, Kopfsteinpflaster, mächtigen alten Bäumen, einer Dorfschmiede, in der seit 1720 noch immer gearbeitet wird, und einer Kirche. Restaurants stillen nach einem Badetag am See den Hunger. Beim Abendessen kann man sich Geschichten erzählen vom Heiligensee. In seinen Tiefen sollen Schlösser versunken liegen und schwarze Schwäne – oder waren es schwarze Stiere? Besonders im Herbstnebel scheint alles möglich zu sein.

FLOWERS
&
GARDEN

BESTE ZEIT

Im Sommer zum Baden und im Herbst zum Spazierengehen.

START & ANREISE

ÖPNV: Der S-Bahnhof *Heiligensee* befindet sich 4 km vom Strandbad und 2,5 km von der Dorfkirche entfernt.

Die Buslinie 124 bringt einen vom S-Bahnhof *Heiligensee* oder U-Bahnhof *Tegel* (ebenso Bus 133) ins Dorf.

Die Buslinie 324 fährt von der Haltestelle *Alt-Heiligensee* zum *Strandbad Heiligensee*.

Entlang des Elchdamms am Strandbad sucht man sich einen Platz zum Parken.

WAS NEHME ICH MIT

Badesachen, Sonnen- und Regenschutz.

GUTES ESSEN

Im ehemaligen *Straßenbahndepot Heiligensee* wird gehobene Küche serviert und sonntags freuen wir uns im Hofimbiss auf Rostbratwurst vom „Echt Havelländer Apfelschwein" zwischen Obstbäumen und alten Straßenbahnschienen. strassenbahndepot-heiligensee.de

Leckere süddeutsche Küche gibt es in der *Dorfaue* (dorfaue-restaurant.de) und gegenüber die besten Eissorten bei der *Eisinsel Heiligensee.*

EXTRA-TIPP

NSG Baumberge – einzigartig in Berlin: Eine echte Sanddüne mit feinem, hellem Sand im Wald mit Heide und Ginster bewachsen. Früher Truppenübungsplatz, heute beliebtes Ausflugsziel.

Möchte man noch weiter mit Wasserblick spazieren, lohnt der etwa einstündige *Spaziergang vom Heiligensee nach Tegelort,* immer am Ufer der Havel entlang Richtung Süden. Von Tegelort fährt der Bus 222 zur U-Bahn *Alt-Tegel* / S-Bahn *Tegel,* oder mit Umstieg in Bus 324 am *Falkenplatz* zurück nach *Alt-Heiligensee.* Weitere Möglichkeiten siehe bvg.de

Drei Kilometer vom Strandbad befindet sich das *Gartenhaus* der dadaistischen Künstlerin *Hannah Höch*, das zu Veranstaltungen oder mit vorheriger Anmeldung besichtigt werden kann. hannah-hoech-haus-ev.de

TEGELER FLIESS

Die Berliner Wasserbüffel wohnen an einem unscheinbaren Fließ, das sich nahe der Brandenburger Grenze durch Wälder, Feuchtwiesen und kleine Orte schlängelt. Ein schöner Tagesausflug lässt viel entdecken.

Das **Tegeler Fließ** ist ein stiller, oft unsichtbarer Begleiter dieser Wanderung im Norden von Berlin. Es mündet in den Tegeler See zwischen Kleingartenanlagen und Neubauten. Bis dahin hat es einen 30 Kilometer langen Weg hinter sich.

Wir folgen ihm für knapp sechs Kilometer. Dabei begegnen wir Wander- und Nordic Walking-Gruppen, Joggern mit Kinderwagen sowie Kitagruppen, die den Fröschen an der **Titusbrücke** lauschen. Alle grüßen freundlich, als wären hier nur Einheimische unterwegs.

Nach der Titusbrücke halten wir uns nördlich des Fließes, um die erste Weide mit sechs **Wasserbüffeln** zu sehen. Das Fließ sieht man kaum, doch es prägt die sumpfige Landschaft, die ideal für die Lebensweise der Wasserbüffel ist. Dank ihrer gespreizten Hufe können sie sich wunderbar über sumpfigen Boden bewegen und dabei am Schilf naschen. So halten sie auch die Feuchtwiesen offen, die seit den 1960ern nicht mehr landwirtschaftlich genutzt werden. Eine weitere Büffelweide befindet sich vor den nördlichen Niedermoorwiesen.

Auf dem **Hauptstraßensteg** kann man sich entscheiden: Gen Süden zum S-Bahnhof Waidmannslust oder mit Kindern ein paar Schritte zum **Entenspielplatz** oder dem Fließ/Hermsdorfer See noch etwa zwanzig Minuten folgen, zum **Strandbad Lübars** am **Ziegeleisee** für einen Badestopp?

BESTE ZEIT

Frühling, Sommer und Herbst – im Winter sind die Wasserbüffel im Stall.

LÄNGE & DAUER

7 Kilometer in etwa zwei Stunden.

START & ANREISE

ÖPNV: Vom S-Bahnhof *Tegel* kommt man in 15 Min. zum Fließ. Zurück gelangt man über den S-Bahnhof *Waidmannslust*: Vom Hauptstraßensteg ist es 1 km Fußweg, vom Strandbad Lübars 800 m zur Haltestelle *Am Vierrutenberg*, dann eine kurze Fahrt mit der Buslinie 222.

WOMIT BIN ICH UNTERWEGS

Zu Fuß oder Rad.

WAS NEHME ICH MIT

Mückenspray & Proviant – es gibt zwar Einkehrmöglichkeiten in Hermsdorf, aber am idyllischsten ist es auf einer Bank am Fließ.

EXTRA-TIPP

Wildkräuter-Wanderungen/-führungen durchs Tegeler Fließ zwischen Lübars und Schildow (Mühlenbekker Land) bieten verschiedene Organisationen/Veranstalter an z.B. *Hannelore Bayer-Rutzel* (wildkraeuter-fuehrungen.de), *Slow Food Berlin* (slowfood-berlin.de) oder *Volkshochschule Reinickendorf*.

EICHWERDER MOORWIESEN

Dort, wo einst die Grenze zwischen Ost und West gezogen wurde, quaken heute Frösche, singen Vögel und hilft das Moor bei der Klimaheilung.

In nur sieben Kilometern durchläuft man die verschiedenen Landschaftsformen der **Eichwerder Moorwiesen.**

Erst führt der **Eichwerder Steg** auf Holzbohlenwegen über die Auenlandschaft des **Tegeler Fließes** und der Moorwiesen, wo Moorfrösche quaken, Mücken surren, seltene Pflanzen wie die Krebsschere wachsen; vielleicht hört man auch den Teichrohrsänger.

Trifft man auf den ehemaligen Grenzstreifen, überwiegt die Trockenheit. Zu Fuß bleibt man auf dem schmalen sandigen Pfad, mit dem Fahrrad besser auf dem **Berliner Mauerweg.** Auf dem Magerrasen grasen manchmal Esel.

Die **Eichwerder Moorwiesen** sind Teil des Naturparks Barnim und des europaweiten Schutzgebietnetzwerkes Natura 2000. Vor dem Mauerbau mähten Bauern die Wiesen in den trockenen Sommermonaten, erst im Niemandsland zwischen Ost und West konnten sie sich frei ausbreiten. Weniger frei waren die Menschen. Eine Erinnerungstafel weist auf die Zeit hin, als schmerzhafte Stachelmatten Menschen vor der Flucht durch die Moore abhalten sollten.

Nun sind hier Pflanzen und Tiere heimisch, die Feuchtigkeit brauchen, die Moore werden intakt gehalten – nur so sind sie hervorragende Wasser- und Kohlenstoffspeicher und tragen positiv zum Klimaschutz bei.

BESTE ZEIT

Spätherbst bis Frühsommer, wenn weniger Mücken unterwegs sind.

LÄNGE & DAUER

Gute anderthalb Stunden für die 6 km einplanen.

START & ANREISE

ÖPNV: Vom S-Bahnhof *Waidmannslust* mit Bus 222 zur Haltestelle *Alt-Lübars,* wo man über die Lübarser Felder zum Eichwerder Steg gelangt.

Parkplätze gibt es am Strandbad Lübars (Am Freibad 9, 13469 Berlin).

WOMIT BIN ICH UNTERWEGS

Zu Fuß.

WAS NEHME ICH MIT

Regen-, Sonnen- und Mückenschutz, Fernglas, Proviant, Badesachen.

GUTES ESSEN

Herzhaftes bekommt man in Lübars im *Gasthof Alter Dorfkrug* oder Süßes bei der *Eisdiele Angelina.*

EXTRA-TIPP

Kräuterhof Lübars: frisches Gemüse und Obst, Blumen, Kräuter aus eigenem Anbau, Konfitüren uvm. (Berliner Werkstätten für Menschen mit Behinderung, Mo-Do 10-12 & 13-14.30, Fr 10-12). bwb-gmbh.de

Wer nach dem Spaziergang noch eine Abkühlung braucht, findet diese im *Strandbad Lübars* am nahen Ziegeleisee. strandbad-luebars.de

Café schöngrün & Alte Fasanerie Lübars – Oase mitten im Grünen mit leckerem Frühstück und phantastischen Torten (Fr-So 10-17). alte-fasanerie-luebars.de

Wildkräuterwanderungen & -führungen durchs Tegeler Fließ zwischen Lübars und Schildow bieten verschiedene Organisationen an (z.B. *Slow Food Berlin* slowfood-berlin.de, *Volkshochschule Reinickendorf* oder wildkraeuterfuehrungen.de).

KAROWER TEICHE & BOGENSEEKETTE

Ein kleines Naturparadies im Berliner Bezirk Pankow wartet an Berlins nördlicher Stadtgrenze, wo man zwischen vier Teichen und drei kleinen Seen Vögel beobachtet und auf Weiden Rindern ganz nahe kommt!

Von den **Aussichtsplattformen** sieht man Vögel losflattern, Enten gemütlich ihre Runden schwimmen und Zwergtaucher an die Oberfläche kommen. Direkt ran an die **vier Teiche** gelangen wir nicht, da sie zum Schutz der Tiere eingezäunt sind. Das führt zu einer erstaunlichen Artenvielfalt im **Naturschutzgebiet Karower Teiche,** das seit 1994 besteht. 60 Vogelarten brüten hier, Zugvögel machen Rast, Rallen, Enten und Taucher sind hier zu Hause.

Man kann die breiten **Spazierwege** auch verlassen, eines der nummerierten Tore öffnen und schon findet man sich auf der Rinderweide wieder. Oft liegen die großen Tiere versteckt im Schatten der Bäume, man sieht ihre gebogenen Hörner in der Ferne, während man dem Trampelpfad quer über ihre Weide folgt und den empfohlenen Abstand von 25 Metern einhält.

Die **Bogenseekette** ist nur ein kurzer Spaziergang unter dem Berliner Ring hindurch entfernt. Auch hier lassen sich Tore zu Weiden öffnen. Am Karpfenteich sitzt schon mal ein Angler am Ufer oder ein Kranich auf einem Baumstamm. Den nördlichen Bogensee umschließt ein alter, hochgewachsener Mischwald mit dicken Baumstämmen.

Von hier ist es eine halbe Stunde zu Fuß oder zwei Stationen mit dem Bus zum S-Bahnhof Buch.

BESTE ZEIT

Im Frühjahr, wenn die Graugänse ihre Jungen auf die Wiese führen oder im Herbst, wenn die Teiche, die Seenkette und die Moorlinse Buch Rastplatz der Wildgänse und Kraniche sind.

START & ANREISE

ÖPNV: Vom Bhf *Karow* sind es 10 Min. zu Fuß zur Pankgrafenbrücke, wo es zu den Karower Teichen geht.

Nördlich der Bogenseekette fahren die Buslinien 259 und 353 zum S-Bahnhof *Buch*.

Das Auto kann man am *Parkplatz Bogenseekette* abstellen, wenn man von der Hobrechtsfelder Chaussee abbiegt.

Oder am *Parkplatz Karower Teiche* von der Bucher Straße abgehend.

WOMIT BIN ICH UNTERWEGS

Zu Fuß od. mit dem Rad.

WAS NEHME ICH MIT

Fernglas, Regen- & Mückenschutz und Proviant.

LÄNGE & DAUER

Man ist etwa 6 km, also mindestens 2-3 Stunden, inkl. Tierbeobachtung, unterwegs. Natürlich kann man auch nur in einem der beiden Gebiete schön spazieren.

GUTES ESSEN

Wer mit dem Rad unterwegs ist, kann 3 km weiter durch den Bucher Forst nach Hobrechtsfelde fahren zu *Bier & Garten James Hobrecht* (Fr-So, bierundgarten.de) auf 'ne leckere Bratwurst in idyllischer Umgebung. Von dort sind es 3 km zur S-Bahn *Röntgental*.

EXTRA-TIPP

Das *Gut Hobrechtsfelde* (agrar-hobrechtsfelde.de) ist ein Natur- und Freizeiterlebnis für die ganze Familie: Tiere streicheln (So 11-17), auf dem Spielplatz toben oder das Info-Zentrum besichtigen (Fr 14-19, Sa+So 11-19). Dort erleben Besucher eine Zeitreise von den Anfängen der historischen Waldweide bis hin zur Umwandlung der Rieselfelder in eine waldgeprägte Erholungslandschaft. *Kultur im Kornspeicher* – selbstgerösteter Kaffee und an manchen Wochenenden Lesungen und Konzerte locken die Ausflügler.

Die *Moorlinse Buch* ist ein weiteres wertvolles Feuchtgebiet – Vögel rasten und brüten, etliche Kröten, Frösche und Echsen leben hier. Nur 10 Min. Fußweg von der S-Bahn *Buch* gibt es eine Aussichtsplattform.

LÖWENZAHNPFAD

Wasserbüffel bei den Teichen, Wikinger im Strandbad und Brandenburgs älteste Mühle an einem Fließ – das Mühlenbecker Land bietet für jeden etwas.

Beim großen Löwenzahnbild an der S-Bahn-Unterführung kommt einem unweigerlich die Melodie der Peter-Lustig-Kindersendung in den Kopf – zu Recht. Der ausgeschilderte **Löwenzahnpfad** wurde nach der ZDF-Serie benannt und führt durch das **Naturschutzgebiet Schönerlinder Teiche**.

Natürlich ist der vier Kilometer lange **Rundweg** mit lehrreichen **Infotafeln** und spannenden **Erlebnisstationen** ausgestattet, von denen wir mehr über Bienen, Hecken, die Vögel der Teichlandschaft und die tierischen Landschaftspfleger lernen. Wilde **Konik-Pferde** galoppieren ausgelassen durch die urige Landschaft und beweiden gemeinsam mit den **Wasserbüffeln** die Flächen – besonders gut lässt sich ihre aktuelle Position vom **Aussichtsturm** verorten.

Danach steuern wir Brandenburgs älteste Mühle an. Die **Mönchmühle** entstand 1234 am Tegeler Fließ und bietet heutzutage historische und künstlerische **Ausstellungen** (Museum Mai-Sep sonntags 13-17 Uhr), einen **Wasserspielplatz** und leckeren selbstgebackenen Kuchen im **Mühlencafé** (So 14-17).

An heißen Tagen geht es danach direkt ins **Strandbad** am **Kiessee Schildow** zur Abkühlung und für ein Eis vom Kiosk.

BESTE ZEIT

Frühling bis Herbst. Oder im April zum Wikingerfest am Kiessee.

START & ANREISE

ÖPNV: Der Löwenzahnpfad beginnt direkt an der Unterführung des S-Bahnhofs *Mühlenbeck-Mönchmühle.* Strandbad und Mönchmühle sind je nur etwa einen halben Kilometer entfernt.

Am S-Bahnhof gibt es auch einen Parkplatz (Am Fließ, 16567 Mühlenbecker Land).

WOMIT BIN ICH UNTERWEGS

Zu Fuß.

WAS NEHME ICH MIT

Picknick, Fernglas, Mücken-/Regen-/Sonnenschutz und Badesachen.

LÄNGE & DAUER

Für die 4 Kilometer im Kindertempo einen halben Tag Zeit lassen.

GUTES ESSEN

Sonntags 14-17 Uhr Kaffee, Kuchen und Herzhaftes im idyllischen *Mühlencafé* der historischen Mönchmühle. Auch die *Mühlengalerie* hat dann geöffnet. historische-moenchmuehle.de

EXTRA-TIPP

Eine Extranacht im Mühlenbecker Land? Im *Strandbad am Kiessee Schildow* darf man ab 20 Uhr im eigenen Zelt am See übernachten. Man muss es nur bis 9 Uhr am nächsten Morgen abgebaut haben. Dann kann man schwimmen gehen oder eines der sechs Beachvolleyballfelder bespielen.

SUMMTER SEE

Der zu jeder Jahreszeit beliebte See im Mühlenbecker Land lädt zu Spaziergang, Schwimmrunde und einer Schlossgeschichte ein.

Ein einstündiger Spaziergang führt über Kiefernzapfen rund um den naturbelassenen **Summter See.** Zwei **Badestellen** locken zur Rast, die erste mit ihrem schmalen Sandstreifen, die zweite, im Norden, mit ihrer großen Wiese. Dort tunkt man die Füße ins Wasser und schwimmt hinaus auf den glitzernden See, den man sich nur mit anderen Schwimmenden teilt. Boote sind nicht erlaubt. Ein paar kräftige Schwimmzüge und man schaut auf den Kiefern- und Mischwald sowie ein paar einzelne alte Häuser am Ufer.

Es lohnt sich, den Spaziergang entlang des **Mühlenbecker Sees** zum **Schloss Dammsmühle** zu verlängern. Das Gebäude hat oft Gesicht und Besitzer gewechselt. Der Lederfabrikant *Damm* ließ es 1768 mit einem Theatersaal im Obergeschoss bauen. Das Schloss wurde weiterverkauft: An *Leutnant Wollank*, der einen schwimmenden Pavillon mit Tanzsaal in orientalischem Moschee-Stil im Mühlenteich errichtete (nicht mehr vorhanden), danach an einen britischen Unternehmer, der mit seiner jüdischen Frau aus Deutschland flüchten musste, woraufhin es sich *Heinrich Himmler* nahm, der KZ-Häftlinge hier arbeiten ließ. Nach dem Zweiten Weltkrieg nutzte es die Stasi als Jagdschloss. Kurz nach der Wende war es ein Hotel, kürzlich diente es als Filmkulisse für die Erfolgsserie *Babylon Berlin*.

Vom nördlichen Ufer des **Mühlenteichs** hat man den schönsten Blick auf das Schloss und es sieht so aus, als verwandle es sich schon wieder. Etwas versteckt kann man hier im Wald auch eine kleine asiatische Holzpagode entdecken.

Zurück zum Parkplatz nimmt man den Höhenweg mit Blick auf Kiefern und den Mühlenbecker See.

BESTE ZEIT

Das ganze Jahr über.

START & ANREISE

ÖPNV: Vom Bahnhof *Schönwalde* sind es drei Kilometer zum Schloss Dammsmühle.

Vom S-Bahnhof *Mühlenbeck-Mönchmühle* fährt der Bus 806 zum Summter See.

Parkplätze gibt es an der Liebenwalder Straße in Summt und zwischen Summter und Mühlenbecker See (Fischerweg 7, 16567 Mühlenbecker Land).

WOMIT BIN ICH UNTERWEGS

Zu Fuß.

WAS NEHME ICH MIT

Bequeme Schuhe, Badesachen, Regen-, Sonnen- & Mückenschutz, Picknick.

LÄNGE & DAUER

Acht Kilometer in etwa zwei Stunden.

GUTES ESSEN

An der Kreuzung Liebenwalder Straße/ Buchenberg in Summt gibt es Fr-So 11-17 im Anhänger von *C&M das mobile Café* Softeis, Waffeln, Landkuchen und Cappuccino. facebook.com/cindyundmichael

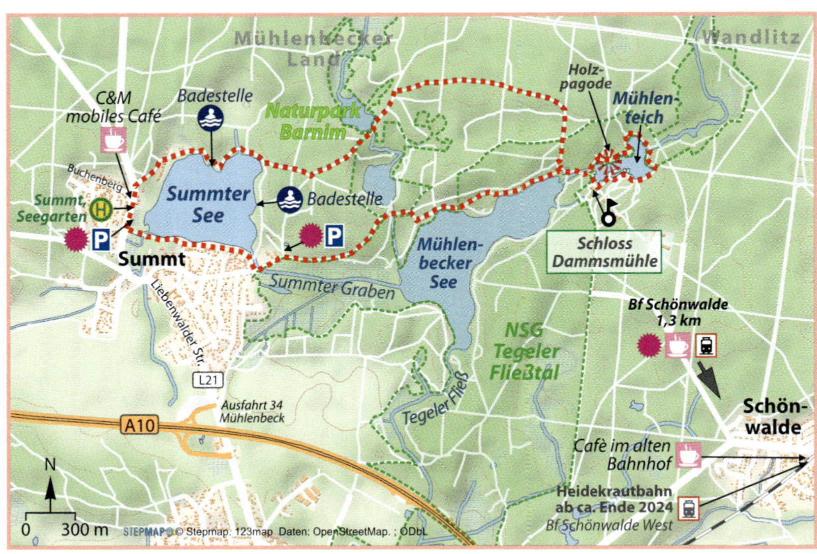

BRIESETAL

Entlang der zauberhaften Briese führt ein Wanderweg durch den Erlenbruchwald und erlaubt, Schritte und Gedanken inmitten der Natur zu entschleunigen. Großartig! .

Das **Briesetal** scheint in der Zeit stehen geblieben zu sein. Es ist ruhig, das Wasser steht still, das eigene Zeitgefühl verstummt. Bäume ragen aus dem Wasser, das teilweise mit einem grün leuchtendem Wasserlinsenteppich zugedeckt ist. Es bewegen sich nur die Enten und wenige Wanderer am südlichen und nördlichen Ufer entlang.

Man könnte durch das gesamte verwunschene Tal von **Birkenwerder** bis **Zühlsdorf** hin- und zurücklaufen. Dazwischen erlauben Brücken, schon eher umzudrehen, um vielleicht am Wochenende in **Briese** im Biergarten des **Waldimbiss Briesekrug,** im Kiosk der einstigen DDR-Kultgaststätte, einzukehren.

Wir passieren die **Helenenquellen** sowie die **Hubertusbrücke** und nutzen die **Schlagbrücke** an der L211, um auf der anderen Seite der Briese zurück zum Parkplatz zu laufen. Einzig die Mücken geben ein schnelles Tempo in diesem Zauberwald vor, surren am Ohr wie ein wildgewordener Sekundenzeiger – also Mückenspray einpacken. Es lohnt sich!

Brieseta l

Birkenwerder, Borgsdorf, Landkreis Oberhavel

BESTE ZEIT
Frühling und Winter, wenn weniger Mücken surren.

START & ANREISE
ÖPNV: Vom *Bhf Birkenwerder* oder S-Bahn *Borgsdorf* ist es jeweils etwa eine halbe Stunde (2,5 km) zu Fuß zum *Briesekrug.*

Vom großen *Parkplatz Briese-Tal* beim *Briesekrug* (Briese 4, 16547 Birkenwerder) oder vom kleinen *Parkplatz Briese* an der L211 (östlich der Schlagbrücke) kann man Richtung Helenenquellen laufen.

WOMIT BIN ICH UNTERWEGS
Zu Fuß.

LÄNGE & DAUER
Die 7,5 Kilometer vom Briesekrug zur Schlagbrücke und wieder zurück schafft man in etwa 2 Stunden. Mit Fußweg hin und zurück zur S-Bahn/Bahn werden es 12,5 km.

WAS NEHME ICH MIT
Fernglas, festes Schuhwerk, Picknick und Regen- und Mückenschutz.

GUTES ESSEN
Fr-So 11.30-18 Uhr versorgt der Waldimbiss *Briesekrug* hungrige Wanderer. briesekrug.de

Besonders reizvoll ist die *Alte Försterei Wensickendorf* (Sa, So + Fei 10-18) – von der Schlagbrücke ca. eine halbe Stunde weiter der Briese folgen. Hier leben auf der Weide Esel, Hühner, Enten und eine zutrauliche Schafherde. Im Imbiss bringen uns die Wildknacker, deftige Suppen oder Wildleberwurstbrote schnell wieder auf Trab. Wer will, packt sich noch Produkte aus der Region und vom Hof in den Rucksack. Je nach Jahreszeit Marmeladen, Honig, frische Eier, Schmalz, Obst und vor allem Wildfleischprodukte. altesforsthauswensickendorf.hpage.com

EXTRA TIPP
Nahe dem Parkplatz Briese-Tal bietet die *Waldschule Briesetal* geführte Wanderungen, Waldfesttage für Familien sowie Erlebnistage für Schulen und Kitas an. waldschule-briesetal.de

Mini Monkey Kinderkletterwald in Briese (Apr-Okt Sa+So) minimonkey-kletterwald.de

Eselwanderungen im Briesetal bietet die Alte Försterei Wensickendorf esel-else.de

Ölmühle im Bogenluch – frisch gepresste Speiseöle in Rohkostqualität (meist Mo, Di, Fr & am Wochenende, vorher anrufen (Tel. (03303) 21 70 10). oelmuehleimbogenluch.de

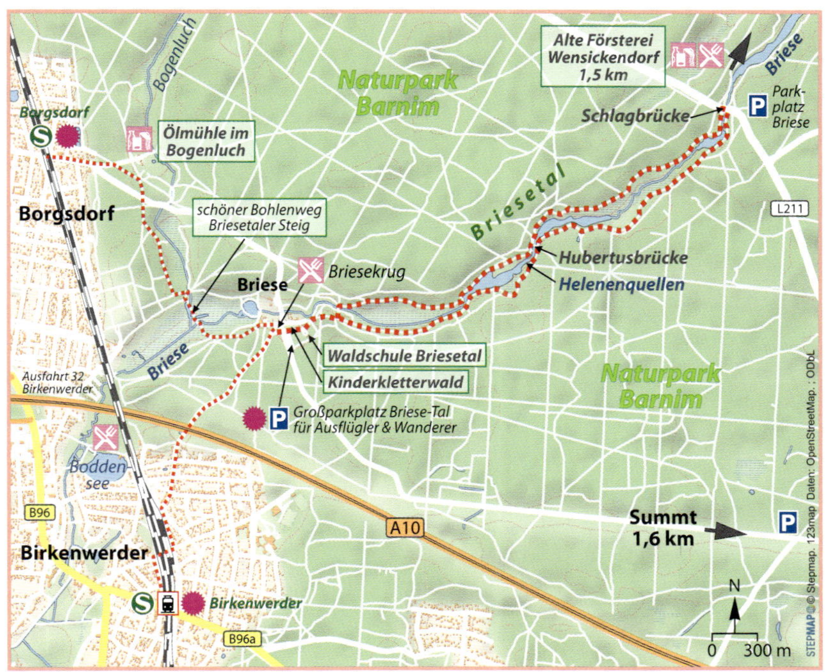
Alte Försterei
Wensickendorf
1,5 km
Briese
Park-
platz
Briese
Naturpark
Barnim
Bogenluch
Borgsdorf
Ölmühle im
Bogenluch
Schlagbrücke
Briesetal
L211
Borgsdorf
schöner Bohlenweg
Briesetaler Steig
Briesekrug
Briese
Hubertusbrücke
Helenenquellen
Waldschule Briesetal
Kinderkletterwald
Briese
Ausfahrt 32
Birkenwerder
Großparkplatz Briese-Tal
für Ausflügler & Wanderer
Naturpark
Barnim
Bodden-
see
B96
A10
Summt
1,6 km
Birkenwerder
Birkenwerder
B96a
N
0 300 m
STEPMAP © Stepmap, 123map Daten: OpenStreetMap, ODbL

DER LEHNITZSEE

Radelt man auf dem Havel-Radweg gen Norden, kommt man am Lehnitzsee vorbei. Bevor man sich versieht, verlängert man die Pause am Weißen Strand, weil es hier so schön ist. Wieso weiterfahren? Weil weiter nördlich die Schleuse, noch ein See und mystische Ruinen warten.

Oranienburg ist gesegnet mit einem eigenen Haussee. Im Süden ist das Ufer von Villen gesäumt, im Norden von Bäumen. Die südlichste Badestelle befindet sich nur zehn Minuten zu Fuß vom Bahnhof Lehnitz. Seit 1914 ist der **Lehnitzsee** Teil der Havel-Oder-Wasserstraße.

Bei einer Schwimmrunde kann man den Booten zuschauen, die aus der Havel auf den See hinausfahren. Auf eben diesem Wasserweg schipperten Anfang des 20. Jahrhunderts lange Finowmaßkähne Ziegel aus Zehdenick nach Berlin. Der letzte seiner Art, der Kahn *Einheit*, liegt am Ostufer und ist heute ein Wohnschiff.

Folgt man dem **Waldpfad** gen Norden, kommt man zur **Badestelle Weißer Strand** und verschwindet danach in einem Mischwald, wo es noch mehr kleine, versteckte Einstiegsstellen ins Wasser gibt.

Bei der **Lehnitzschleuse** taucht man wieder aus dem Wald auf. Das Bauwerk wurde 1910 errichtet. Bei seiner Breite von zehn Metern und 85 Metern Länge passten damals vier Finowmaßkähne in die Schleuse!

Der Lehnitzsee

Oranienburg, Lehnitz, Landkreis Oberhavel

22

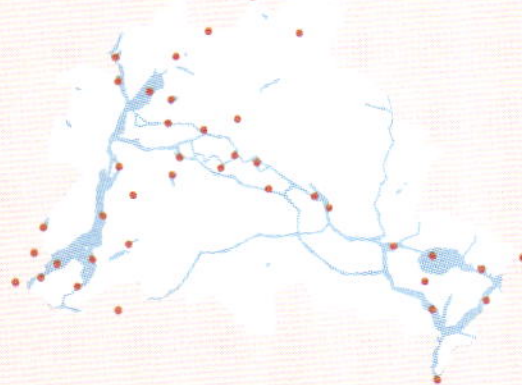

BESTE ZEIT
Sommer.

START & ANREISE
ÖPNV: Zehn Minuten läuft man vom S-Bahnhof *Lehnitz* zum südlichsten Strand Bolli.

Parkplätze am S-Bahnhof im Bereich Friedrich-Wolf-Str./Mühlenbecker Weg.

WOMIT BIN ICH UNTERWEGS
Mit dem Rad / zu Fuß.

LÄNGE & DAUER
8 Kilometer sind es von der S-Bahn *Lehnitz* am Ostufer entlang bis zur Schleuse und weiter am Westufer bis zum Bahnhof *Oranienburg*.

WAS NEHME ICH MIT
Sonnen-/Regenschutz, Badesachen, Proviant.

Besuchern der Lost Place *Heilstätte Grabowsee* ist eine Fotokamera/ Handy empfohlen.

GUTES ESSEN
Am westlichen Ufer, nahe des Oranienburger Strandes, liegt das Hafenrestaurant *LuBea*.
lubearestaurant.de

EXTRA-TIPP
Von der Lehnitzschleuse sind es auf dem Havel-Radweg drei Kilometer zur *Grabowseebrücke*. Linker Hand befindet sich der Imbiss *Alte Fähre*. Dort wird die Bratwurst auf Blümchenteller serviert und die Getränkekarte klebt auf Kräuterlikörflaschen.

Rechter Hand liegt der waldumsäumte *Grabowsee*, wo man einzelne Badespots und Ruinen – *Lost Places* – der ehemaligen, gut abgesperrten Lungenheilstätte entdecken kann, die von donnerstags bis sonntags zugänglich sind.

Die *Gedenkstätte* und das *Museum Sachsenhausen* befinden sich nur zwei Kilometer westlich der Lehnitzschleuse. Im Stadtzentrum von Oranienburg wurde 1933 in einer leerstehenden Fabrikhalle das erste Konzentrationslager in Preußen eingerichtet. Drei Jahre später entstand das KZ Sachsenhausen als Modell- und Schulungslager.
sachsenhausen-sbg.de

Radfernwand
rweg
Natur
adestelle

RADWEG BERLIN – KOPENHAGEN

Auf einem der schönsten Radwege Deutschlands geht es durch sandige Kiefernwälder und uralte Alleen, vorbei an Flüssen, Seen, alten Dörfern mit historischen Kirchen, herrschaftlichen Schlössern und Herrenhäusern.

Wer nahe an Berlin nur ein Teilstück der insgesamt 630 Kilometer langen Strecke radeln möchte, dem empfehlen wir den Abschnitt von der Wasserstadt Fürstenberg/Havel nach Berlin oder umgekehrt.

Von **Fürstenberg** mit seinem mittelalterlichen Stadtkern über das lauschige **Himmelpfort** kommen wir in die **Zehdenicker Tonstichlandschaft.** Große Tonvorkommen unter den Havelwiesen ließen das größte zusammenhängende Ziegeleigebiet Europas entstehen, begünstigt durch das über die Havel zu erreichende Berlin. Inzwischen sind die Tonstiche mit Wasser gefüllt und Heimat für Biber, Vögel und seltene Pflanzen. Im Sommer packen wir an einem der idyllischen Seen die Badehose aus, während wir im Herbst rastende Kraniche beobachten.

Auf dem Weg in die Havelstadt **Zehdenick** kommen wir an Überresten von Ringöfen und Ruinen ehemaliger Produktionsstätten vorbei. Nach dem Abstecher in die mehr als 800 Jahre alte **Zehdenicker Altstadt** und zum historischen **Zisterzienserkloster** blicken wir von der Zugbrücke auf vorbeifahrende Boote, schlendern durch die Gassen und üben uns im Müßiggang.

Im weiteren Verlauf prägen kleine Waldstücke, Alleen und weite Wiesen die abwechslungsreiche Landschaft, bis da, wo der Finowkanal in die Havel mündet, das Kleinstädtchen **Liebenwalde** erreicht ist.

In **Oranienburg** werfen wir noch einen Blick auf das **Barockschloss** an der Havel – hier wohnte Kurfürst Friedrich Wilhelm mit Gemahlin, umgeben von einem großen Park – bevor es zurück nach Berlin geht.

Mahn- & Gedenkstätte Ravensbrück
Lychen
Großer Küstrinsee
Fürstenberg (Havel)
Himmelpfort
Herberge im Weihnachtshaus/ Restaurant Kleeschen
Stolpsee
Gastgarten am Mühlenfließ
Kulturgasthof Alte Reederei
Fischgaststätte Zum Stolpseefischer
Campingpark Himmelpfort
Bootshaus an der Havel
Bredereiche
Biwakplatz für Wasserwanderer
Ziegenkäserei Capriolenhof
Havel
Polzowkanal
B96
Gut Boltenhof
Campingplatz am Großen Wentowsee (ab 14 Jahre)
Dannenwalde
Mühle Tornow
Großer Wentowsee
Gasthaus Zur Fähre
Camping Seilershof
Marienthal
Burgwall
Zabelsdorf
Burgwaller Grube
Gasthaus & Pension Alter Hafen
Ziegeleipark Mildenberg
B109
Gransee
Mildenberg
Herberge Am Dock
Zehdenick
Kloster & Klosterscheune Zehdenick
Krewelin
Häsen
Floß- oder Hausboottour auf der Havel
Bergsdorf
Döllnfließ
Löwenberg
Falkenthal
B167
N
0 2 km
Grüneberg
Dreetzsee
Liebenwalde
Finow
STEPMAP © Stepmap, 123map Daten: OpenStreetMap ; ODbL

WEITER GEHTS AUF DER KARTE RECHTS OBEN

Grüneberg
Dreetzsee
Liebenwalde
Finowkanal
Oder-Havel-Kanal
Gasthof Zum Flößer
Havel
Hofladen Graeben Fr+Sa 10-16
Nassenheide
Bernöwe
Friedrichsthal
Heilstätte Grabowsee
Klosterfelde
Imbiss Alte Fähre
Zehlendorf
Sachsenhausen
Stolzenhagen
Schmachtenhagen
Schloss
Lehnitzsee
Lehnitz
B273
Oranienburg
Wandlitz
Zühlsdorf
B96
Briesetal
Basdorf
Borgsdorf
Birkenwerder
Velten
Schönwalde
A10
Hohen Neuendorf
Mühlenbeck
Hennigsdorf
B96a
B96
A111
Frohnau
Barnim Berlin
A114
Reinickendorf
Tegeler See
Pankow
Spandau
Berlin Hbf
Mitte
Spree
Brandenburger Tor
Havel
B5
B2
Charlottenburg
Berlin

BESTE ZEIT
Frühling, Sommer, Herbst.

START & ANREISE
ÖPNV: Am besten fährt man mit seinem Rad mit der RB von Berlin nach *Fürstenberg/Havel,* um dort die Tour Richtung Berlin zu starten.

WOMIT BIN ICH UNTERWEGS
Mit dem Fahrrad.

Der Radweg ist durchgehend mit einem blau-weiß-roten Symbol mit der Aufschrift *Radweg Berlin – Kopenhagen* beschildert.

LÄNGE & DAUER
128 Kilometer, 2-3 Tage.

Übernachtungsmöglichkeiten unterwegs gibt es z.B. in Burgwall, Mildenberg, Zehdenick, Oranienburg.

WAS NEHME ICH MIT
Gutes Kartenmaterial/ Radwanderführer, Fahrrad-Reparatur-Set, Fahrradbrille, Erste-Hilfe-Set, Regen-/ Sonnen-/Mückenschutz, Badesachen. Evtl. Zelt, Isomatte und Schlafsack zum Zelten.

GUTES ESSEN
Leckere Brandenburgische Küche wird in der *Mühle Tornow* serviert. muehle-tornow.de

An den Wochenenden lohnt der kleine Umweg zum *Gut Boltenhof.* Dann nämlich gibt es in der *Weideküche* feines und bodenständiges Essen. Hinterher geht's zum Ziegen streicheln, Schweine und Gänse füttern oder in den Hofladen. gutboltenhof.de

EXTRA-TIPP
Zugegeben, der Schlenker (4,7 km) auf holprigem Waldpfad zur *Ziegenkäserei Capriolenhof* an der Schleuse Regow hat es in sich. Sicherheitshalber sollte man vorher anrufen, ob offen ist. Dort angekommen, findet man sich im „Ziegenparadies" wieder. Zuerst werden Ziegen gestreichelt, bevor es in den Hofladen (Sa,So+Fei 12-16 Uhr) geht. Dort gibt es köstlichen Ziegenkäse, Eis von der Ziegenmilch, Kuchen, Käseplatten und andere lokale Produkte. Wer auf dem nahen Biwakplatz zeltet, kann (nach rechtzeitiger Anmeldung) im Sommer sonntags ab 13 Uhr Gegrilltes, Mittwoch Abend sogar ein 3-Gang Zickleinmenü serviert bekommen. Tel. (033087) 511 83, capriolenhof.de

Ein besonderes Highlight für Erwachsene und Kinder ist der *Ziegeleipark Mildenberg* (ziegeleipark.de) – Industriemuseum und Erlebnispark in einem. Multimediale Ausstellungen im Ringofen, Museumshafen, Abenteuerspielwiese & Wasserspielplatz, einen eigenen Ziegel herstellen, Kleintiergehege, . . . am besten plant man einen ganzen Tag ein und logiert im *Gasthaus & Pension Alter Hafen* (alterhafen.de).

Floßtour – Eine Tour entlang der Havel kann man auch gut mit dem Hausboot oder Floß machen. Ab Berlin, Hennigsdorf, Oranienburg, Zehdenick, Ziegeleipark Mildenberg, Fürstenberg/Havel. Floß-Vermieter:
huckleberrys-tour.de
die-bootschaft.de
berlin-bootsverleih.com

RAHMER SEE, WANDLITZER SEE, STOLZENHAGENER SEE

Bei dieser Drei-Seen-Tour im Barnimer Land finden wir ein schönes altes Naturstrandbad, leckere Fischgerichte und Häuser am See, von denen man nur träumen kann.

Vor allem Familien breiten ihre Decken an heißen Sonntagen auf der Wiese des **Naturstrandbades Rahmersee** unter den Bäumen aus und pusten die Schwimmflügel auf. Der flache Einstieg am **Rahmer See** in **Zühlsdorf** lockt auch die Kleinsten, das Schwimmen auszuprobieren. Die ganz Mutigen sausen die nostalgisch anmutende Rutsche mit einem Klatscher hinunter. Danach gibt es für alle Pommes vom Imbiss mit Softeis als Nachtisch. Parallel wird auf dem Gelände saniert, hier entsteht das Gesundbad-Rahmersee mit ausgeweiteten Angeboten.

Der zweite See auf unserer Fahrradtour ist der **Wandlitzer See.** Wir bleiben in Nähe des Sees, spicken beim **Strandbad Wandlitzsee,** gleich vis-à-vis des schönen Bahnhofs gelegen, auf die Wasseroberfläche und sehen sonst nicht viel vom See, außer den hübschen Fassaden der Häuser, die am Ufer stehen dürfen.

Erst da, wo sich der Stolzenhagener und der Wandlitzer See fast treffen, gibt es linker Hand endlich eine kleine **Badestelle,** wo wir kurz ins Wasser hüpfen, und rechter Hand liegt das große, gepflegte **Strandbad** des **Stolzenhagener Sees.** Hier radeln wir entlang des Westufers bis zur Fischerstube in **Stolzenhagen**, gönnen uns ein frisches Fischbrötchen und fahren dann zurück zur **Heidekrautbahn (RB 27)**. Sie durchquert seit 1901 das **Barnimer Land** bis an den Rand der Schorfheide und ist eine der ältesten Verbindungen und Lebensader zwischen Berlin und den nördlichen Ausflugszielen (die ehemalige Stammstrecke bis nach Berlin-Wilhelmsruh soll in den nächsten Jahren reaktiviert werden).

BESTE ZEIT

Sommer.

START & ANREISE

ÖPNV: Mit der Heidekrautbahn RB 27 zum Bahnhof *Wensickendorf* oder *Wandlitzsee* und von dort auch wieder zurück. neb.de/rb27

An den Strandbädern kann man parken.

WOMIT BIN ICH UNTERWEGS

Mit dem Fahrrad.

LÄNGE & DAUER

Etwa zwei Stunden für 25 Kilometer. Die Drei-Seen-Tour lässt sich mit dem Liepnitzsee um weitere zehn Kilometer erweitern.

WAS NEHME ICH MIT

Badesachen, Regen-/Sonnen-/Mückenschutz, Fahrrad-Reparatur-Set.

GUTES ESSEN

Am Rahmer See gibt es Gegrilltes beim *Kiosk Strandbad Rahmersee*. strandbad-rahmersee.com

Top-Fischgerichte in Loungestühlen bei der *Fischerei Rostin Steg 17* (Mi-So 12-21) am Südufer des Rahmer See (auch Räucherkurse, Ferienangelschule für Kinder). steg17.de

Am Stolzenhagener See serviert die *Fischerstube* Di-So leckeren Räucherfisch. fischerstube.info

EXTRA-TIPP

Tourist-Info Naturpark Barnim im Bhf Wandlitzsee. machmalgruen.de

Barnim Panorama – Naturparkzentrum & Agrarmuseum Wandlitz in preisgekrönter Architektur, tgl. außer freitags 10-18. barnim-panorama.de

Klosterfelder Senfmühle – im Hofladen (Mo-Do 9-15) im Wandlitzer Ortsteil Klosterfelde bekommt man leckere handgefertigte Senf-Spezialitäten, Saucen und Gewürze. klosterfelder-senfmuehle.de

Zehlendorf
Naturpark Barnim
Stolzen-hagen
Barnimer Land
Kuhbrückengraben
Fischerstube
Badestelle
Hofladen Klosterfelder Senfmühle 3,8 km
Klosterfelde 2,5 km
L21
Stolzen-hagener See
Strandbad Stolzenhagen
Wandlitz
L29
Triftweg-siedlung
Kolonie West
Tourist-Info
Bf Wandlitzsee
Bäke
Wandlitzer See
Wensickendorf
Strandbad Wandlitzsee
Siedlung am Rahmer See
Rahmer See
Badestelle
Wensickendorf
Jugendherberge
Briese
Liepnitzsee 1,5 km
Rahmer See
Barnim Panorama
Wandlitz
NSG Lubowsee
Rahmersee
Steg 17 Fischerei Rostin
Wandlitz
Lubowsee
Seefeld
B273
Heidekrautbahn RB27
Strandbad Rahmersee
Naturpark Barnim
Briesetal
Briese
Lubowsee
Annenhof
L100
Heidekrautbahn RB27
Fuchswinkel
Alte Försterei Wensickendorf 1,8 km
Zühlsdorf
Zühlsdorf
ühlenbecker Land
Basdorf
N
STEPMAP © Stepmap, 123map Daten: OpenStreetMap, ; ODbL
0 300 m

DER LIEPNITZSEE

Der schöne Liepnitzsee mit seiner türkisblauen Mittelmeerfarbe lockt an bunten Herbsttagen, bewölkten Winterstunden, ersten Frühlingsmomenten und natürlich immer im Sommer.

Auf dem knapp neun Kilometer langen **Rundwanderweg** präsentiert sich der **Liepnitzsee** im **Naturpark Barnim** von seinen hübschesten Seiten: In den **Badebuchten** sind wir hingerissen vom Anblick des unfassbar klaren Wassers, von den Hügeln genießen wir die Ausblicke zwischen den Bäumen über den See und zur Insel Großer Werder hinüber.

Wenn man zur **Insel Großer Werder** schwimmt, sollte man ein bisschen Geld mitnehmen, um sich im **Gartenlokal Insulaner Klause** ein Eis holen zu können oder im Biergarten herrlich im Schatten unter alten Linden und Kastanien Erdbeerkuchen oder Kartoffelsalat zu essen. Dort kommt man im Sommer auch mit der **Fähre** hin und kann so die Rundwanderung auf sechs Kilometer abkürzen.

Motorboote sind auf dem See nicht erlaubt. Tret- und Paddelboote sowie SUP-Boards kann man sich hingegen am beliebten **Waldbad Liepnitzsee** mieten und den See – übrigens einer der saubersten Brandenburgs – in seiner vollen Fläche von 117 Hektar zusammen mit den Haubentauchern und Reiherenten erkunden.

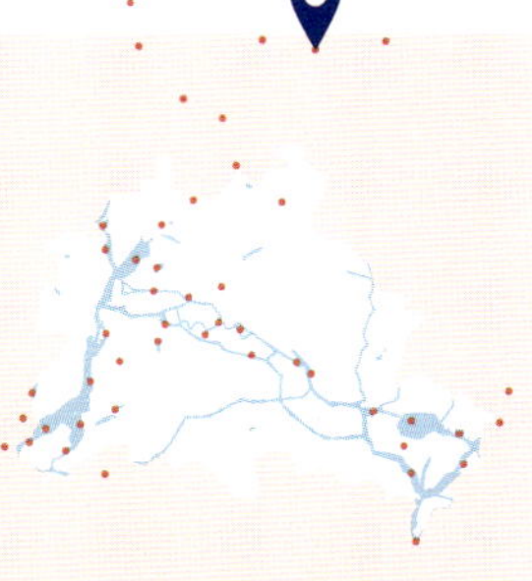

BESTE ZEIT
Der Sommer.

START & ANREISE
ÖPNV: Zum *Bhf Wandlitz* oder *Bhf Wandlitzsee* mit der Heidekrautbahn (RB 27), dann 2,5 km gen Osten zum Westufer des Liepnitzsees.

Der *Parkplatz Zweijahreszeiten* an der B 273 ist 1 Kilometer durch den Wald vom Westufer entfernt.

Am nördlichen Ufer gibt es den gebührenpflichtigen *Parkplatz am Liepnitzsee*, nahe dem Fähranleger Nord.

LÄNGE & DAUER
Der 9 Kilometer lange Rundweg ist in zweieinhalb Stunden zu schaffen, dauert natürlich länger, wenn man viel schwimmen und schauen möchte.

WAS NEHME ICH MIT
Badesachen und Picknick. Sonnen-/Regen-/Mückenschutz. Mit Luftmatratze, Taucherbrille & Schnorchel hat man noch mehr Spaß!

GUTES ESSEN
Gartenlokal Insulaner Klause – Auf der Insel genießt man Grillspeisen, Kuchen und die dazu passenden Getränke. Geöffnet von Ostern bis Ende Oktober Fr-So und an Sonnentagen, im Juli und August täglich. Infos zur Insel & Fährfahrplan: liepnitzinsel.de

EXTRA-TIPP
Waldsiedlung Wandlitz – Einige wichtige DDR-Politiker führten hier einst ein luxuriöses und abgeschottetes Leben hinter vier Sicherheitstoren. Hier gab es frisches Obst, Waren aus dem West-Katalog, Dinge, die der DDR-Bevölkerung verwehrt blieben. Kaum einer durfte hier rein und so hielten sich Gerüchte von Luxuspalästen und goldenen Wasserhähnen, was man hier allerdings vergeblich sucht. Heute steht die Waldsiedlung unter Denkmalschutz und man kann die ehemaligen, überraschend einfachen Wohnhäuser von Margot und Erich Honecker und anderen Politprominenten von außen besichtigen. Info & Führungen: machmalgruen.de >sehen & erleben >Kultur & Geschichte

Fähre Liepnitzsee
Achtung!

BIESENTHALER BECKEN

Brandenburgs nördlicher Urwald breitet sich zwischen den Orten Biesenthal und Lobetal aus, wo wir im funkelnden See schwimmen, an Fließen entlangwandern und dem Zwitschern der Vögel lauschen.

Von **Biesenthal** kommt man über das **Hellmühler Fließ** zur **Hellmühle** und zum gleichnamigen See. Das Licht am **Hellsee** ist magisch: Der See schimmert ganz besonders – egal, ob der Himmel bewölkt oder sonnig ist. Ein sieben Kilometer langer **Rundweg** (Markierung grüner Punkt) führt über den Ort **Lanke** um den See und ist Teil der *66-Seen-Wanderung*. Unterwegs machen wir Rast an kleinen Badebuchten, um in die Ruhe des schlangenförmigen Sees einzutauchen. Entspannt ist es auch auf einem Baumstamm sitzend oder in einer Hängematte dösend.

Das **Biesenthaler Becken** erstreckt sich noch weiter gen Osten. Von der **Hellmühle** laufen wir hinein in den Wald Richtung **Mechesee** (Abstecher zur Einkehr in **Lobetal:** integrative Begegnungsstätte *Verein Alte Schmiede Lobetal*, tgl. 15-17, Sa+So ab 14 Uhr) und dann nördlich zur **Langerönner Mühle.**

Der feuchte Boden des 1.000 Hektar großen **Naturschutzgebiets Biesenthaler Becken** ist landwirtschaftlich nicht nutzbar, ein Glück für die Natur. Zwischen all den Feuchtwiesen, Mooren, Seen und Fließgewässern besteht die Hoffnung, dass sich die Buchenwälder wieder verstärkt ausbreiten können. Fischotter, Biber und Eisvögel sind hier zu Hause, und wir sind froh, ihre Gäste in diesem urwaldähnlichen Areal sein zu dürfen.

BESTE ZEIT

Im Sommer zum Schwimmen, restliches Jahr zum Wandern.

START & ANREISE

ÖPNV: Mit der Bahn nach *Biesenthal* und von dort 50 Minuten (3,5 km) zu Fuß zum Wanderwegstart *Am Heideberg*. An Schultagen fährt morgens und mittags vom *Bhf Biesenthal* ein Bus in die Dorfmitte.

Tipp: Vom Bahnhof *Bernau* fährt der Bus 896 Mo-So jede Stunde (über *Rüdnitz Dorf*) nach *Biesenthal Markt*.

Parkplätze gibt es in Biesenthal an der Berliner Straße, in Lobetal nahe des Mechesees (Am Dorfplatz, 16321 Bernau bei Berlin) und in Lanke westlich des Hellsees.

WOMIT BIN ICH UNTERWEGS

Zu Fuß oder mit dem Fahrrad.

LÄNGE & DAUER

Die Tour über Hellmühler Fließ zum Mechesee und zurück nach Biesenthal sind 11,5 km, plus hin und zurück zum Bahnhof ist man 18,5 km unterwegs. Mit Umrundung des Hellsees sind es 25,5 km.

WAS NEHME ICH MIT

Badesachen, Proviant und Regen-/Sonnen-/Mückenschutz.

GUTES ESSEN

Liebevoll saniertes *Café Kaiserliches Postamt* am Bahnhof Biesenthal. Leckere Torten, Biokaffee, kleiner Laden (13-18 Uhr, Mo+Di Ruhetag). kaiserliches-post-cafe.de

EXTRA-TIPP

Nach dem Brandenburger Urwald am Strand entspannen? Dann ist das schöne Strandbad Wukensee nicht weit. strandbad-wukensee.com

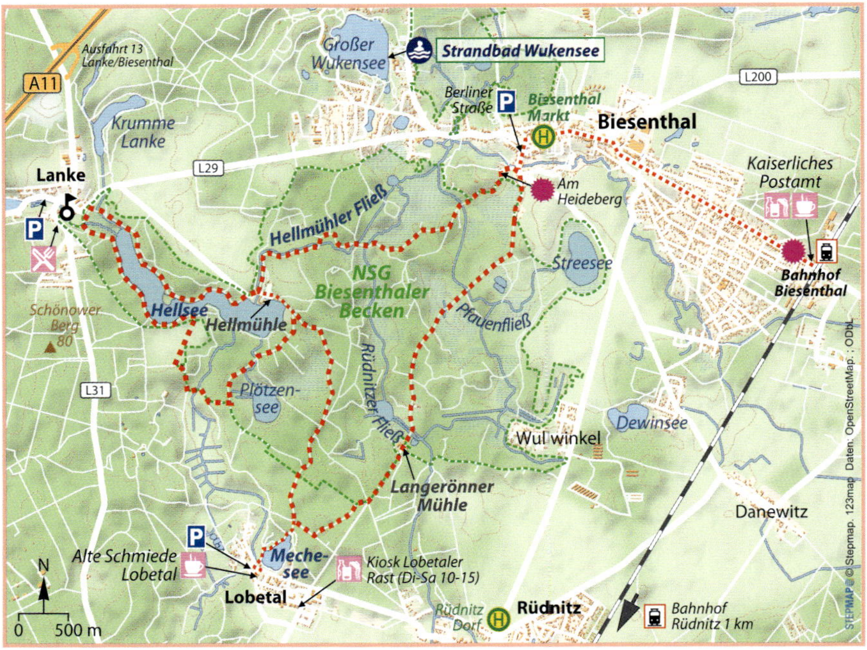

BERLIN

OSTEN & SÜDOSTEN MIT UMLAND

Tour 27 - 45

RUMMELSBURGER BUCHT

Berlins Wasserszene erlebt rund um die Halbinsel Stralau ihren kreativen Höhepunkt: Am Ufer ankern Hausboote, auf dem Wasser schaukeln temporäre Inseln neben echten und zwischendrin kann man paddeln oder Yoga auf alten Kähnen machen.

In der **Rummelsburger Bucht** liegen teils selbstgezimmerte und mit Pflanzen dekorierte Hausboote nebeneinander. Ihren festen Platz dagegen haben die **Liebesinsel, Kratzbruch** und die **Insel der Jugend** – auf letzterer finden im Sommer sonntags Konzerte auf der großen Wiese statt.

Zwischen Treptower Park und den Neubauten von Alt-Stralau bewegen wir uns auf das große Berlin-Panorama zu. Auf dem Wasser der **Spree** stemmen sich drei Menschen in Übergröße gegeneinander – das **Molecule Man-Kunstwerk** von Jonathan Borofsky. Dahinter rattert die U-Bahn über die **Oberbaumbrücke**. Auf der südlichen Seite liegt das **Badeschiff** im Fluss und in der Ferne lugt der Fernsehturm über der Stadt heraus. Hier ist's egal, dass das von den Berlinern ersehnte Meer weit weg ist.

Natürlich eignet sich die Gegend auch hervorragend zum **Spazieren** oder **Radfahren**: Von der Oberbaumbrücke über Alt-Stralau bis zur Citymarina legt man etwa acht Kilometer in zwei Stunden zurück. Zurück kann man mit der Tram fahren.

Die ehemalige **Abteiinsel** *Insel der Jugend* (inselberlin.de), zwischen **Treptower Park** und Plänterwald gegenüber der Stralauer Spitze, ist schon einen eigenen Ausflug wert. Über die **Abteibrücke**, der ältesten Stahlverbundbrücke Deutschlands, gelangen wir auf dieses romantische Stück Berlin. Neben dem vielfältigen Kulturprogramm kann man im **Inselgarten** lecker essen oder auch nur irgendwo die Picknickdecke ausbreiten. Später mieten wir uns ein nostalgisches Tretboot aus den 1950er-Jahren und umrunden die kleine Insel, wo das Leben etwas anders tickt als auf dem Festland.

HANSA

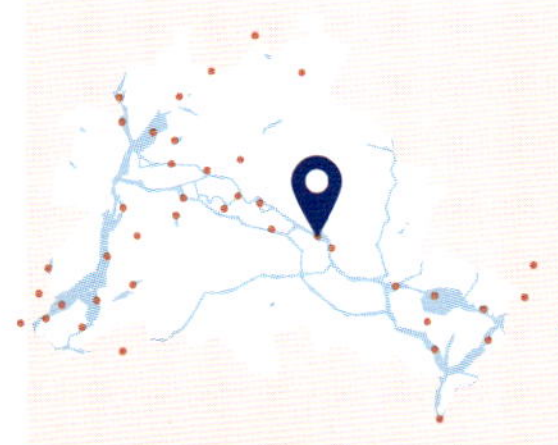

BESTE ZEIT

Im Sommer wuselig und am schönsten, im Winter am ruhigsten.

START & ANREISE

Die Rummelsburger Bucht erreicht man schnell über den Bahnhof *Ostkreuz.*

Den Treptower Park über den S-Bahnhof *Treptower Park.*

WOMIT BIN ICH UNTERWEGS

Mit dem Kanu in der Rummelsburger Bucht von *Ahoi Ostkreuz* (ahoi-ostkreuz.de) oder heiuki.com (Automat) .

Von der *Kanuliebe* (kanuliebe.com), wo es auch Tretboote und SUPs gibt, rund um die Insel der Jugend.

Beim *Bootsverleih Kreuzberg* (bootsverleih-kreuzberg.com) hinterm Restaurant *Freischwimmer* vis-à-vis der *Arena Berlin* (Sa+So Hallenflohmarkt) wird man ebenso fündig.

LÄNGE & DAUER

Mit dem Kanu von der Rummelsburger Bucht bis zur Oberbaumbrücke sollte man pro Strecke für sechs Kilometer zwei bis drei Stunden einplanen.

WAS NEHME ICH MIT

Regen-/Sonnenschutz, Fotoapparat, Wechselkleidung (wasserdicht verpackt).

GUTES ESSEN

In der Rummelsburger Bucht gibt es Liegestühle & Drinks im *Urbayn* (urbayn.de) und bei schönem Wetter Sa+So beim *Eiswagen Eiszeit* leckerstes Eis. (meinekleineeiszeit.de)

In der Citymarina serviert auf der Terrasse oder am Kamin die feine *Hafenküche* ihren Rummelsburger und Fisch vom Grill. hafenkueche.de

Freischwimmer in Kreuzberg: Direkt am Flutgraben auf bebauten Bootsstegen bei Kerzenschein essen und trinken. freischwimmer-berlin.com

Am Treptower Hafen haben wir an der Hafenpromenade die Qual der Wahl: Traditionelles Essen aus Venezuela im *La Casita* oder bei der *Hafenräucherei* (Mi-So 10-16) Fisch der Fischerei Löcknitz direkt aus dem Räucherofen. fischerei-am-kaniswall.de

EXTRA-TIPP

Batuga ist ein Hausboot, vielleicht aber auch eine Insel. Hier kann man auf Holzdielen und zwischen Pflanzentöpfen töpfern, saunieren, Yoga machen, Konzerten lauschen oder brunchen. batuga.de

Yoga und andere Veranstaltungen finden auch auf dem *Kulturkahn Paula* statt. paula.berlin

Wer mit Deutschlands erster schwimmender Badewanne über die Spree schippern will, bucht sich für mehrere Stunden mit Freunden den fünf Meter langen *Badedampfer*, der direkt aus dem Pool heraus gesteuert werden kann, während die Wassertemperatur mithilfe eines Unterwasserofens gehalten wird. badedampfer.de

Kleine Flucht aus der Stadt – *Übernachten im Hausboot* in der Citymarina (schon ab 2 Nächte). spreeapartment.de

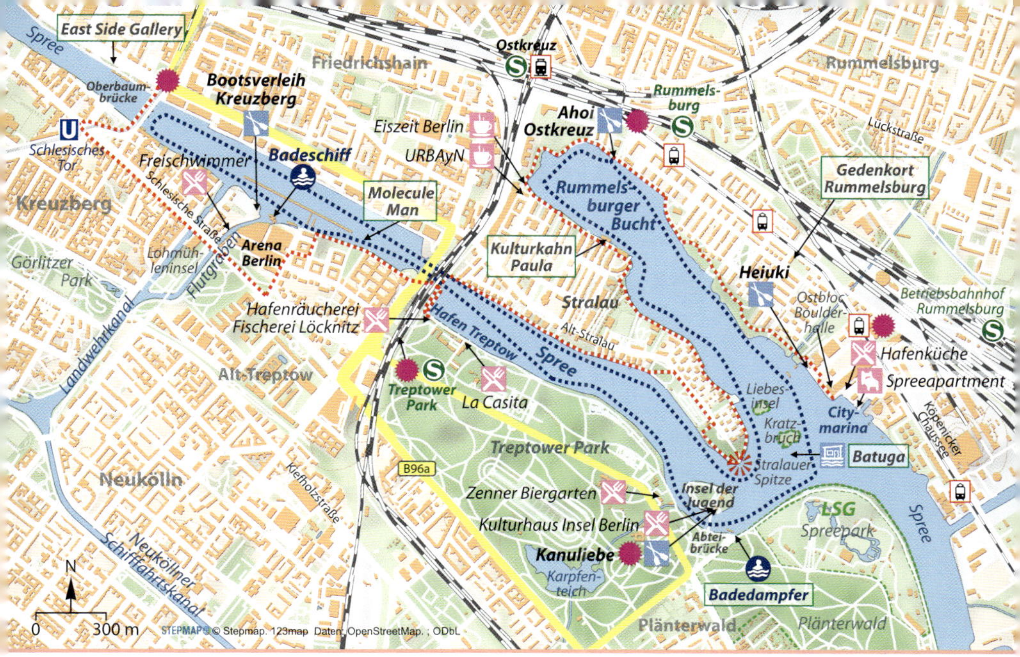

East Side Gallery
Spree
Oberbaumbrücke
Friedrichshain
Ostkreuz
Rummelsburg
Bootsverleih Kreuzberg
Schlesisches Tor
Eiszeit Berlin
URBAyN
Ahoi Ostkreuz
Rummelsburg
Lückstraße
Freischwimmer
Badeschiff
Schlesische Straße
Kreuzberg
Molecule Man
Rummelsburger Bucht
Gedenkort Rummelsburg
Arena Berlin
Görlitzer Park
Lohmühleninsel
Flutgraben
Kulturkahn Paula
Heiuki
Stralau
Betriebsbahnhof Rummelsburg
Ostbloc Boulderhalle
Hafenräucherei Fischerei Löcknitz
Hafen Treptow
Alt-Stralau
Hafenküche
Spree
Spreeapartment
Alt-Treptow
Treptower Park
La Casita
Landwehrkanal
Liebesinsel
Citymarina
Kratzbruch
Köpenicker Chaussee
Treptower Park
Stralauer Spitze
Batuga
B96a
Neukölln
Kiefholzstraße
Zenner Biergarten
Insel der Jugend
LSG
Spreepark
Spree
Kulturhaus Insel Berlin
Abteibrücke
Kanuliebe
Karpfenteich
Neuköllner Schiffahrtskanal
Badedampfer
N
0
300 m
STEPMAP © Stepmap. 123map Daten: OpenStreetMap.; ODbL
Plänterwald
Plänterwald

BADEDAMPFER.de
B-BJ440

FUNKHAUS BERLIN

Am ehemaligen DDR-Funkhaus fließt die Spree vorbei und lockt zu kleinen oder großen Paddel-Touren und einem Feierabend mit Pizza am Wasser.

Wir kennen viele Gründe, um zum **Funkhaus** in Berlins Osten zu reisen. Es gibt dort bei *ZOLA* leckere, neapolitanische Pizza, die man unter Bäumen direkt an der Spree verspeisen kann – gegenüber nur das Grün des Plänterwaldes. Man kann eines der tollen Konzerte besuchen oder an einer Führung im ehemaligen, teils denkmalgeschützten, imposanten Rundfunkgebäude der DDR aus dem Jahr 1952 teilnehmen.

Ein paar Schritte weiter, an der *Milchbar* vorbei, kommt man zum **StandUpClub.** Hier mietet man sich ein SUP und paddelt bis zur **Rummelsburger Bucht,** vorbei an Berlins legendärem, stillgelegten **Spreepark** mit dem bald wieder weithin sichtbaren Riesenrad (ab 2025 sollen sich die 40 Gondeln wieder drehen). Erwähnt sei auch noch die tolle Einkehrmöglichkeit im historischen **Eierhäuschen** *(Restaurant „Ei-12437-B"*, Mi-So 10-17, Fr-Sa 18-24, und *Biergarten „Zum Anleger"*, täglich ab 12 Uhr, ei-12437.berlin) und der **Spreepark Art-Space** spreepark-artspace.de*)*, mitten im **Plänterwald** gelegen.

Vom Wasser bekommt man auch nochmal einen neuen Blick auf das Funkhaus in seiner Klinkermauerpracht.

Man kann beim *StandUpClub* auch an Kursen und Touren teilnehmen: vom Einsteigerkurs über Yoga auf dem Brett bis hin zu nächtlichen SUP-Touren inmitten der funkelnden Lichter der Stadt.

BESTE ZEIT

Sommer.

START & ANREISE

Funkhaus Berlin, Nalepastraße 18-50, 12459 Berlin.

ÖPNV: Vom S-Bahnhof *Rummelsburg* Tram 21 bis *Köpenicker Chaussee/Blockdammweg*, fünf Minuten Fußweg vom Funkhaus entfernt.

Dort gibt es auch ein paar Parkplätze.

SUP/KANU MIETEN

standupclub.de

backstagetourism.com

heiuki.com (Automat)

LÄNGE & DAUER

Knapp 3 Kilometer sind es vom Funkhaus zur Rummelsburger Bucht. Mit essen, umziehen und SUPen gerne einen halben Tag einplanen.

WAS NEHME ICH MIT

Wechselklamotten, Sonnen-/Regenschutz.

GUTES ESSEN

Neapolitanische Pizza gibt es bei *Zola Funkhaus* (tgl. 12-21). instagram.com/zola_funkhaus

Schnitzel, Veggiewurst und andere Gerichte in der *Milchbar im Funkhaus* (Mo-So 10-17). funkhaus-berlin.net

EXTRA-TIPP

Mit dem SUP Richtung Süden, alternativ mit der Tram 21 (Ausstieg *Siemens-/Edisonstr.*), kommt man nach Oberschöneweide zum denkmalgeschützten Industrieareal an der Spree. Hier stehen die *Reinbeckhallen* mit wechselnden Ausstellungen (stiftung-reinbeckhallen.de), der *Industriesalon Schöneweide* – Besucherzentrum der bedeutenden Industriekultur von Berlin Schöneweide und Museum im ehemaligem VEB-Werk für Fernsehelektronik (Mi-So 14-18, industriesalon.de), im Sommer Freiluftkino, Künstlerstudios und das charmante *Café Schöneweile* (Mo-Fr 10-18, Sa+So 13-18 Uhr).

VISTA

MÜGGELSPREE ZWISCHEN KÖPENICK & FRIEDRICHSHAGEN

Zwei Inseln und eine halbe gilt es in Köpenick zu umpaddeln, bevor man sich auf den Wasserweg zum Müggelsee macht.

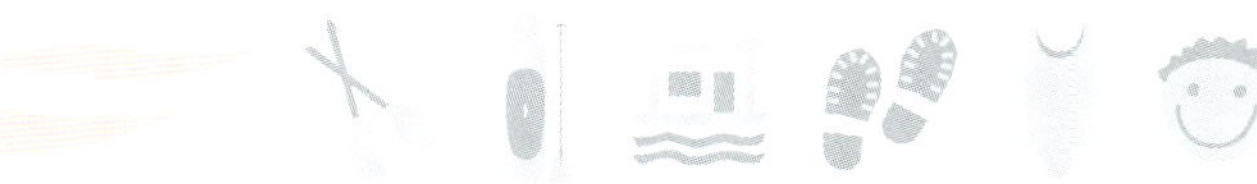

Da die Flüsse Spree und Dahme in **Köpenick** zusammenfließen, ist es selbsterklärend, dass man sich in ein Kanu setzt, um die **Inselstadt** zu erkunden. Vom Wasser aus hat man einen feinen Blick auf die alten Gebäude, das Schloss und die Uferbars.

Zwei Inseln wurden im Laufe der Zeit von der **Altstadt-Insel** abgespalten. Der Schlossgraben trennt die **Schlossinsel** ab. Auf ihr befinden sich das **Schloss Köpenick** mit **Barockgarten**, ein **Café** und eine Dauerausstellung des **Kunstgewerbemuseums**.

Der **Katzengraben** als Teil der Müggelspree separiert die **Baumgarteninsel.** Früher war sie eine Wiese, auf der die Wäschereien ihre Textilien trockneten und die Spree nur ein kleiner Graben. Allmählich wurde er vergrößert, damit Schiffe entlangfahren können. Heute befindet sich auf der Insel eine idyllisch gelegene Kleingartenanlage.

Wir verlassen die Inselstadt auf der **Müggelspree**. Den drei Kilometer langen Wasserweg zum Müggelsee teilt man sich mit Flößen und kleinen Booten. Am Südufer befinden sich einige kleine **Badestellen**, an denen man gut eine Paddelpause einlegen kann.

BESTE ZEIT

Frühling bis Herbst.

START & ANREISE

Vom S-Bahnhof *Köpenick* fährt die Tram direkt in die Altstadt.

Zentral parkt man in der Jägerstr. 5, 12555 Berlin oder in der Kirchstr. 5-6.

WOMIT BIN ICH UNTERWEGS

Mit dem Kanu, das man sich im Osten der Altstadt-Insel bei *Aqua Berlin* (aqua.berlin/boote) mieten kann.

Oder an der Müggelspree am Wassersportzentrum bei *Spreepoint* (spreepoint.de).

Alternativ mietet man sich im Süden der Altstadt-Insel ein solarbetriebenes *Elektro-Boot* von *Solar Water World* (solarwaterworld.de) und schippert zum / über den Müggelsee.

LÄNGE & DAUER

Die knapp 10 Kilometer rund um die Altstadt und zum Müggelsee (hin und zurück) lassen sich in drei bis vier Stunden paddeln.

WAS NEHME ICH MIT

Regen-/Sonnenschutz, Wechselkleidung, Badesachen.

GUTES ESSEN

Ausflugslokal *Mutter Lustig* in der Altstadt – beim Schlossplatz isst man mit Blick auf Wasser und Boote. mutter-lustig.berlin

Snacks & Bier gibt es im Biergarten *Freiheit fünfzehn* gegenüber der Baumgarteninsel. freiheit15.com

Daneben auf dem Schiff von *S1 Spreeburger* bekommt man unschlagbar gute Burger (Mo-Fr 16-21, Sa+So ab 12 Uhr).

Kurz vor dem Müggelsee werden Fischgerichte auf der schwimmenden *SpreeArche* serviert. Ist man zu Fuß unterwegs, kann man anrufen und wird per Boot abgeholt. spreearche.de

EXTRA-TIPP

Der Cöpenicker – Auf dem historischen Gelände der ältesten noch in Betrieb befindlichen *Flussbadeanstalt* Berlins präsentiert sich als Oase im Trubel der Großstadt das Ensemble aus Restaurant *(Restaurant Krokodil), Hotel* (hotel-pension-berlin.eu) und *Sandstrand*, wo man auch gut mit dem Kanu anlegen kann. Die umliegende Landschaft eignet sich für Wanderungen, Rad- und Kanutouren, sodass einem längeren Aufenthalt im Gästehaus eigentlich nichts im Wege steht. der-coepenicker.de

Floßtour: Nimm Dir drei Freunde und mach 'ne Tour mit einem Floß z.B.von *Huckleberrys Tour* (Altstadt-Insel: huckleberrys-tour.de) oder *Floß & los!* (Seebad Friedrichshagen: flossundlos.de).

Mehr SUP-Touren gibts im SUP-GUIDE "*Berlin & Umland*". SUP-buch.de

Spree
Wuhle
Köpenick 200 m
Dammvorstadt
Alte Erpe
Elsengrund
Friedrichshagen 150 m
Alte Spree
Baumgarteninsel
Badestelle Müggelspree (Kameruner)
Hirschgarten
Friedrichshagen
Freiheit fünfzehn
S1 Spreeburger
Katzengraben
Spreepoint
Rathaus Köpenick (Berlin)
Müggelspree
Floß & los!
Schlossgraben
Köpenick Altstadt
Aqua Berlin
Amtsgraben
Spreetunnel Friedrichshagen
Schlossinsel
Kietzer Graben
Köpenick
Mutter Lustig
Badestelle Kot d`Azur
Badestelle Teppich
Großer Müggelsee
Schlosscafé
Huckleberrys Tour
Solar Water World
Dahme
SpreeArche
Der Cöpenicker
STEPMAP© © Stepmap. 123map Daten: OpenStreetMap, ODbL
0
300 m
N

DER MÜGGELSEE

Die Badewanne der Berliner ist der größte See der Hauptstadt. Der Müggelsee lockt mit Badebuchten mitten im Wald, einem weiten Blick über das Wasser und der ein oder anderen Überraschung unter der Wasseroberfläche.

Um den **Müggelsee** ranken sich einige Geschichten und Halbwahrheiten: 1932 landete das damals größte Flugzeug der Welt, die *Dornier Do X,* auf dem Müggelsee. Und ganz früher, erzählt eine Sage, wurde die Tochter von König Ottobert von Böhmen an den See verbannt und erscheint nun alle sieben Jahre als Seefräulein. Von der vermeintlichen Existenz eines Hais im Müggelsee erzählt die 2013 gedrehte Filmkomödie *Hai-Alarm am Müggelsee* von Leander Hausmann.

Heutzutage queren keine Flugzeuge, sondern Ausflugsschiffe, Fähren, Segelboote und Flöße den See. Der ist etwa 4,4 Kilometer lang, 2,6 Kilometer breit und lässt sich wunderbar mit dem Fahrrad umrunden, um dabei zahlreiche Badepausen einzulegen.

Im Süden erheben sich die 115 Meter hohen **Müggelberge**, im Norden liegen die Strände: **Strandbad Friedrichshagen,** kleine **FFK-Buchten** entlang des **Walduferweges** sowie der **Rahnsdorfer FFK-Strand** und das **Strandbad Müggelsee** mit flachem, kinderfreundlichem Einstieg

Ein Zwilling des Müggelsees befindet sich übrigens im All: 2013 wurde ein vermeintliches Gewässer auf dem Saturnmond *Titan Müggel Lacus* getauft.

BESTE ZEIT

Der Sommer.

START & ANREISE

Zum Strandbad Müggelsee ist der kürzeste Weg etwa 1,7 Kilometer vom S-Bahnhof *Rahnsdorf*.

Der *Parkplatz Müggelsee* (Fürstenwalder Damm 880, 12589 Berlin) ist einen halben Kilometer vom Strandbad entfernt.

Zum Start am Seebad Friedrichshagen und für die Müggelseeumrundung per Kanu/Boot zum S-Bahnhof *Friedrichshagen* fahren und weiter mit der Tram bis an den See/zum Bootsvermieter.

WOMIT BIN ICH UNTERWEGS

Mit dem Fahrrad. Alternativ mit Kanu.

LÄNGE & DAUER

Für die 20 Kilometer lange Umrundung mit dem Rad benötigt man etwa 1-2 Stunden und schiebt auf der Westseite des Sees das Rad durch den Spreetunnel.

Im Osten quert man die Müggelspree an der Triglawbrücke am Dämeritzsee. Alternativ kann man mit den Fähren F23 *Müggelwerderweg – Müggelhort – Neu Helgoland – Kruggasse* (Apr-Okt Di-So) oder F24 *Spreewiesen – Kruggasse* (Mai-Sep Sa+So) abkürzen. bvg.de

WAS NEHME ICH MIT

Regen-/Sonnenschutz, Fahrrad-Reparatur-Set, Radbrille, Badesachen.

GUTES ESSEN

Cocktails und Grillspeisen auf Liegestühlen an der *Hafenbar* in Friedrichshagen. strandhaus-berlin.de

Österreichische Küche direkt am Spreetunnel Friedrichshagen bietet das *Restaurant Ehrlich*. restaurant-ehrlich.de

Tolle Sonnenuntergangsatmosphäre im *Biergarten Fisch-Borke*, neben dem Strandbad Müggelsee. fisch-borke.de

Richtig leckere Pfannkuchen – süß oder herzhaft – gibts im sympathischen niederländischen *Hollands Pannekoekhuis* (So-Do 11-17) in Müggelheim. hollands-pannekoekhuis.de

EXTRA TIPP

Die Weite des Müggelsees lässt sich auch per Boot erkunden, nur bei Wind könnte es wegen des verstärkten Wellenaufkommens ein bisschen anstrengend werden.

Spreepoint vermietet Kajaks, SUPs, Ruder-, Tret- und Motorboote an 2 Standorten:

- Am Südufer bei *Rübezahl am Müggelsee.* ruebezahl-berlin.de
- Am nördlichen Ufer in Friedrichshagen im *Wassersportzentrum.* spreepoint.de

Spreepoint betreibt auch das *Saunaboot SpreeBanja,* das man zum Saunieren und Relaxen mieten kann. spreebanja.de

Am Kleinen Müggelsee gibt es Boote aller Art und eine kleine Hafenbar bei *MüggleBay.* müggelbay.de

Flöße gibt es kurz vor dem Spreetunnel nahe der Hafenbar bei *Floß & los!* flossundlos.de

Mehr SUP-Touren gibts im SUP-GUIDE "*Berlin & Umland*". SUP-buch.de

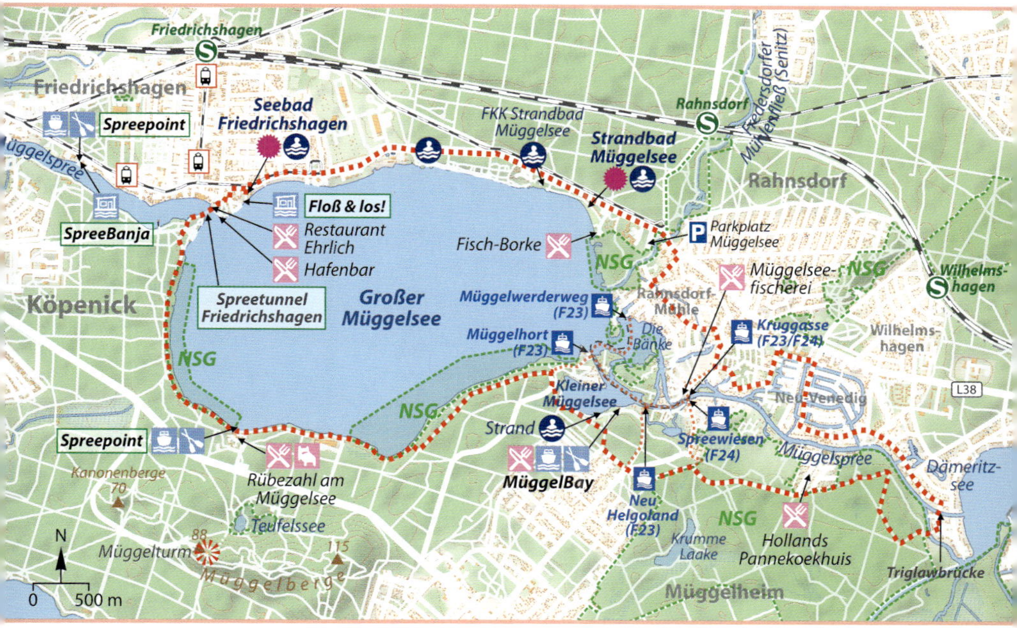

Friedrichshagen
Friedrichshagen
Spreepoint
Müggelspree
Seebad Friedrichshagen
FKK Strandbad Müggelsee
Strandbad Müggelsee
Rahnsdorf
Fredersdorfer Mühlenfließ (Seritz)
Rahnsdorf
SpreeBanja
Floß & los!
Restaurant Ehrlich
Hafenbar
Fisch-Borke
Parkplatz Müggelsee
NSG
Müggelsee-fischerei
NSG
Wilhelms-hagen
Köpenick
Spreetunnel Friedrichshagen
Großer Müggelsee
Müggelwerderweg (F23)
Rahnsdorf-Mühle
Müggelhort (F23)
Die Bänke
Krüggasse (F23/F24)
Wilhelms-hagen
NSG
L38
Kleiner Müggelsee
Neu-Venedig
NSG
Strand
Spreewiesen (F24)
Müggelspree
Spreepoint
Rübezahl am Müggelsee
MüggelBay
Dämeritz-see
Kanonenberge 70
Neu Helgoland (F23)
NSG
Teufelssee
Krumme Laake
Hollands Pannekoekhuis
N
88
Müggelturm
115
Müggelberge
Triglawbrücke
0 500 m
Müggelheim

NEU-VENEDIG

Klar, hier schaukeln Kanus statt Gondeln, stehen Datschen statt Villen, und nichtsdestotrotz: Neu-Venedig eifert auf charmante, berlinerische Weise der italienischen Lagunenstadt nach.

Zwischen Müggelsee und Dämeritzsee verzweigt sich die Müggelspree in kleine, zauberhafte **Kanäle**. Unter **13 Brücken** paddeln wir durch und um sechs Inseln herum, vorbei an Trauerweiden und sauber getrimmten Gärten der Wochenendhäuser am Wasser – ein Paradies. Zu fast jedem Garten gehört ein Boot oder eine Rutsche. Einen festen Wohnsitz hat hier übrigens niemand, da **Neu-Venedig** im Notfall geflutet werden würde, um Berlin vor Hochwasser zu schützen.

Einst bestand diese Gegend aus sumpfigen Spreewiesen. Als 1890 das Rittergut Rahnsdorf verkauft wurde, dachte man sich etwas aus: Die Wiesen sollten über Kanäle entwässert werden. So entstand ein fünf Kilometer langes **Kanalsystem**, das an Venedig erinnerte. Kein Wunder also, dass die umliegenden Straßen Lagunenstraße und Rialtoring heißen.

Auch **zu Fuß** lässt sich die Berliner **Lagunenstadt** gut erkunden. Innerhalb des Kanalsystems orientieren sich die Straßen- und Brückennamen an heimischen Piepmätzen, von der Rotkehlchenweg-Brücke und der Bachstelzenweg-Brücke genießen wir die Kanalaussichten.

BESTE ZEIT
Frühling bis Herbst.

START & ANREISE
ÖPNV: Mit der S-Bahn bis *Rahnsdorf* oder *Wilhelmshagen* fahren und weiter mit dem Bus 161 zur Haltestelle *Grünheider Weg.* Von dort 15 Minuten Fußweg zum *Kanuverleih Berlin* (Am Küstergarten 18, 12589 Berlin). Alternativ sind es von den S-Bahnhöfen jeweils 2,7 km zu Fuß.

Einen Parkplatz gibt es rechter Hand kurz vor der alten Dorf-Ulme (Dorfstraße, 12589 Berlin).

WOMIT BIN ICH UNTERWEGS
Mit Kanu oder SUP vom *Kanuverleih Berlin* (Am Küstergarten 18). kanuverleih-berlin.de

Wer mit dem Auto anreist, kann auch zum Kleinen Müggelsee fahren und ein Boot, SUP oder Floß bei *MüggelBay* mieten. müggelbay.de

LÄNGE & DAUER
Auf dem fünf Kilometer langen Kanalsystem kann man sich ein wenig verlieren, daher gut zwei Stunden einplanen.

WAS NEHME ICH MIT
Regen-/Sonnenschutz und Wechselkleidung (wasserdicht verpackt).

GUTES ESSEN
An den Wochenenden gibt es im Fischerdorf Rahnsdorf bei der *Müggelseefischerei* nahe der Fährstation frisch gefangenen, geräucherten und gebratenen Fisch. Das ist wie Urlaub! am-mueggelsee.de >Ausflugsziele >Müggelseefischerei

Am Kanal II befindet sich der Garten des gutbürgerlichen Restaurants *Neu Venedig.* neu-venedig.de

EXTRA-TIPP
Vom *Kanuverleih Berlin* aus kann man nicht nur durch die Lagunenstadt paddeln, sondern auch gen Westen zum *Kleinen Müggelsee,* vorbei an weiteren beneidenswerten Wassergrundstücken. Hier verkehren auch die Fähren F23 und F24 – letztere ist Berlins einzige übriggebliebene Ruderfähre Paule, die von Mai-Sep Sa+So neben der Müggelseefischerei vom Anleger *Kruggasse* zum Fähranleger *Spreewiesen* übersetzt.

Am *Südufer des Kleinen Müggelsees* sollte man am herrlichen Sandstrand eine Schwimmpause einlegen und nebenan bei *MüggelBay* (auch Bootsvermietung) in der kleinen *Hafenbar* chillen, bevor es einmal über die *Bucht Die Bänke* um die *Insel Entenwall* herum zurück zur Müggelspree geht.

Mehr SUP-Touren gibts im SUP-GUIDE "*Berlin & Umland*". SUP-buch.de

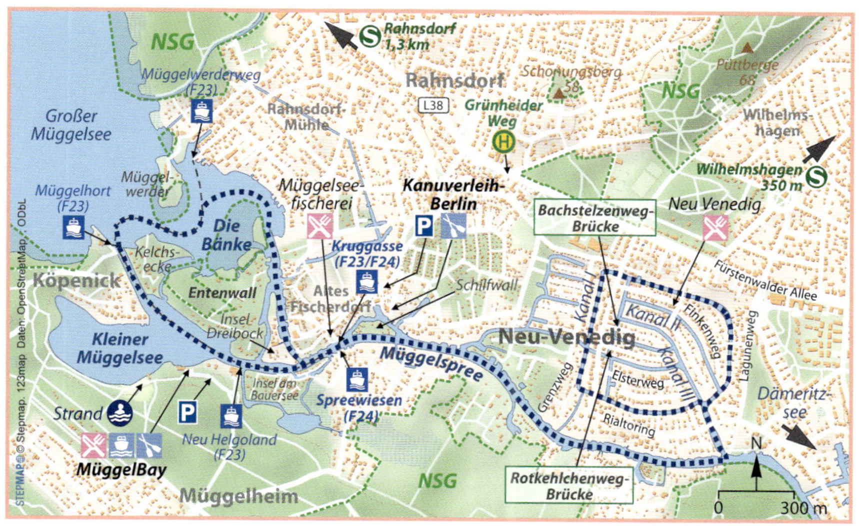
NSG
Rahnsdorf 1,3 km
Müggelwerderweg (F23)
Rahnsdorf
Schonungsberg 58
Püttberge 68
NSG
Großer Müggelsee
Rahnsdorf-Mühle
L38
Grünheider Weg
Wilhelms-hagen
Wilhelmshagen 350 m
Müggel-werder
Müggelhort (F23)
Müggelsee-fischerei
Kanuverleih-Berlin
Bachstelzenweg-Brücke
Neu Venedig
Die Bänke
Kelchs-ecke
Kruggasse (F23/F24)
Fürstenwalder Allee
Köpenick
Entenwall
Altes Fischerdorf
Schilfwall
Kanal I
Kanal II
Finkenweg
Lagunenweg
Insel-Dreibock
Neu-Venedig
Kanal III
Kleiner Müggelsee
Müggelspree
Elsterweg
Grenzweg
Dämeritz-see
Insel am Bauersee
Spreewiesen (F24)
Strand
Rialtoring
Neu Helgoland (F23)
MüggelBay
NSG
Rotkehlchenweg-Brücke
Müggelheim
N
0
300 m
STEPMAP © Stepmap, 123map Daten: OpenStreetMap, ODbL

GOSENER GRABEN

Im Osten der Stadt windet sich ein versteckter Kanal durch feuchte, wilde Wälder, spiegelt Blätterdächer in allen Grüntönen und verhält sich still bis auf seine Naturgesänge. Man muss nur seinen Eingang finden.

Den Dschungel von Berlin entdeckt man am besten vom Wasser aus. Das 402 Hektar große **Naturschutzgebiet Gosener Wiesen und Seddinsee** ist nicht besonders gut erschlossen. Die Natur soll nicht gestört werden. Nur der **Gosener Graben** erlaubt einen Weg hinein in das Paradies zwischen **Dämeritzsee** und **Seddinsee**.

Der Graben ist NICHT der schnurgerade Kanal, der die beiden Seen verbindet, sondern verläuft auf seinem eigenen schlängelnden Weg östlich davon. Hat man den Eingang gefunden, kann man sich ganz der Natur hingeben, dem Lauf des Grabens folgen und der eigenen Paddelkraft vertrauen. Die Strecke beträgt drei Kilometer und ist auch für Paddelanfänger machbar. Motorboote müssen auf dem geraden Gosener Kanal bleiben.

Wir paddeln leise an Erlen und Farngewächsen vorbei und versuchen, die Tierwelt nicht aus der Ruhe zu bringen. Eisvögel, Kraniche und Fischotter sind hier heimisch, auch Biber hinterlassen ihre Spuren an angenagten Bäumen. Manchmal bleiben ein bisschen krautige Unterwasserpflanzen am Kanu oder Paddeln hängen und die Mücken surren, aber das stört nicht – man ist zu verzaubert, wie schnell man von der Stadt in den Dschungel eintauchen kann.

Und weils so schön ist, paddeln wir auf dem gleichen Weg wieder zurück durch das kleine Paradies – lautlos durch den Bruchwald.

BESTE ZEIT

Von Frühling bis Herbst, wenn die Bootsvermieter offen haben.

START & ANREISE

Steigt man am S-Bahnhof *Wilhelmshagen* aus, kommt man auf einem 3 Kilometer langen Spaziergang entlang der Kanäle Neu Venedigs über die Triglawbrücke zum westlichen Ufer des Dämeritzsees und den Bootsvermietern. Alternativ fährt auch der Bus 161 bis *Eichenstr./ Waldstr.*, von wo es nur noch 1 km zu Fuß ist.

Alternativ läuft man vom Bahnhof *Erkner* in 20 Minuten zum *Bootshaus Burchardt* am Ostufer des Dämeritzsees.

Einzelne Parkplätze gibt es bei den Bootsvermietern.

WOMIT BIN ICH UNTERWEGS

Mit dem Kanu.

Das gibt es gegenüber dem Abzweig in den Gosener Graben beim *Bootsverleih Sturzbecher* (sturzi.de) oder beim *Bootsverleih Hessenwinkel* (bootsverleih-hessenwinkel.de).

Alternativ in Erkner beim *Bootshaus Burchardt* (bootsverleih-wolzig.de) oder in Gosen beim *Bootsverleih Gosen* (bootsverleih-gosen.de).

LÄNGE & DAUER

Gönnt Euch einen halben Tag für die insgesamt sechs Kilometer lange Strecke (hin und zurück).

WAS NEHME ICH MIT

Mücken-/Regen-/ Sonnenschutz, Wechselkleidung, Fernglas.

GUTES ESSEN

Hat man wieder festen Boden unter den Füßen, serviert der Imbiss beim *Bootsverleih Sturzbecher* Pommes, Buletten und Currywurst. sturzi.de

EXTRA-TIPP

Mehr Kanutouren gibts im KANU KOMPAKT "Berlin" bzw. "Potsdam, Werder, Spandau" sowie im KANU KOMPASS "Brandenburg, Berlin". KANU-buch.de

TEUFELSSEE & TEUFELSSEEMOOR

Wer wissen will, wie sich Stille in Berlin anhört, der muss dieses kleine Naturidyll besuchen. Wir sind unterwegs auf einem rustikal angelegten Holzsteg, um das Moor kennenzulernen.

Auf einem rund 300 Meter langen **Holzsteg** kommen wir den tierischen Bewohnern des Sees und Moores ganz nah. Kammmolch, Moorfrosch, Knoblauchkröte, Ringelnatter, Wald- und Zauneidechse, die Große Moosjungfer und insbesondere der Bitterling, eine selten gewordene Fischart, finden im 6,45 Hektar großen **Naturschutz- und Natura 2000-Gebiet** ihren Lebensraum.

Beim Blick über den geheimnisvoll wirkenden See muss man unwillkürlich an die Sage von der mit ihrem Schloss im **Teufelssee** verschwundenen Prinzessin denken.

Der aus einem Toteisloch hervorgegangene und mitten im Wald liegende 150 Meter lange See droht allerdings zu verlanden. Daher wurden in der Vergangenheit den Moorflächen Gehölze entnommen und damit lichtliebende Arten wie der fleischfressende Sonnentau unterstützt, der gemeinsam mit Torfmoosen wächst. Zusammen entziehen sie dem Untergrund Nährstoffe, versauern ihn zugleich und behindern damit das Wachstum möglicher Konkurrenten.

BESTE ZEIT

Zu jeder Jahreszeit hat ein Besuch seine Reize.

START & ANREISE

ÖPNV: Bus 169 Richtung Alt-Müggelheim/Müggelheim, Odernheimer Str. bis Haltestelle *Rübezahl (Berlin).* Von dort knapp zehn Minuten Fußweg zum See.

An der Bushaltestelle gibt es einen großen Parkplatz am Müggelheimer Damm (52.424120, 13.630377).

WOMIT BIN ICH UNTERWEGS

Zu Fuß.

LÄNGE & DAUER

Der *Naturlehrpfad* rund um den See ist gut ausgeschildert und in etwa einer Stunde zu begehen. Um die Informationstafeln zu lesen, sollte man aber besser zwei Stunden einplanen.

WAS NEHME ICH MIT

Mücken-/Regenschutz, Fernglas, Proviant.

EXTRA-TIPP

Das *Lehrkabinett Teufelssee,* das am *Naturlehrpfad* liegt, informiert So-Do von 10 bis 16 Uhr mit vielen Tierpräparaten und Informationen rund um den Wald.

Angemeldete Besucher können die Waldschule und das Schutzgebiet auch unter fachkundiger Anleitung kennenlernen. berlin.de/forsten >Waldschulen >Lehrkabinett Teufelssee

Anschließend geht es auf den nahen 114 Meter hohen *Großen Müggelberg,* dem höchsten Berg Berlins.

Oder man steigt auf den 30 Meter hohen *Müggelturm* auf dem *Kleinen Müggelberg,* von dem man bei gutem Wetter weit über den Müggelsee bis nach Marzahn sehen kann.

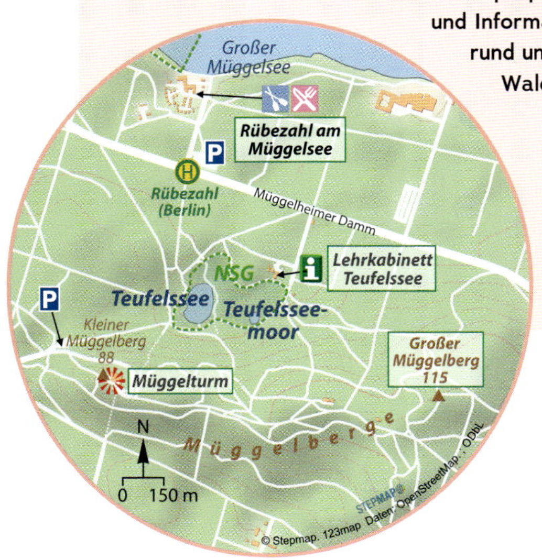

LANGER SEE & DAHME

Es gibt nicht viele Fähren in Berlin, doch auf der Dahme hat man zweimal das Vergnügen, sich ans andere Ufer setzen zu lassen. Beim Spaziergang durch den Wald lässt sich im Schutz der Bäume das bunte Bootstreiben beobachten.

Wenn die **Fähre F12** in **Grünau** ablegt, verschaffen wir uns einen schnellen Überblick – die Fahrt dauert nur zwei Minuten. Der Blick folgt der **Dahme** ein Stück gen Süden, bevor sie hinter einer Kurve verschwindet. Dieser elf Kilometer lange Flussabschnitt wird auch **Langer See** genannt, die Ufer sind nur etwa 200 Meter voneinander entfernt.

Bunte Bojen tanzen auf dem Wasser in einer Linie, dazwischen tauchen Ruderer gleichmäßig ihre Paddel ins Wasser. Bekannt ist der See für seine **Regattastrecke Berlin-Grünau:** 1936 fanden hier die Olympischen Spiele und 1968 die erste Berliner Segelregatta statt.

Wenn die Fähre am anderen Ufer in Köpenick im Ortsteil **Wendenschloß** anlegt, werden wir dem nordöstlichen **Uferweg** zur anderen Fähre im Süden folgen. Wir spazieren Richtung **Strandbad Wendenschloss**, im Sommer sehr beliebt, mit Bootsvermietung, Biergarten und Strandkörben. Weiter folgen wir dem Fluss durch den Wald am Ausflugslokal **Schmetterlingshorst** und an kleinen Sandbuchten vorbei. Auf der anderen Uferseite kann man das Strandbad Grünau und den Sandstrand Bammelecke zwischen den Bäumen erahnen.

Die **Fähre F21** (verkehrt nur im Sommer) beim **Zeltplatz Kuhle Wampe** bringt uns wieder zurück über die Dahme – von dort führt ein schöner **Uferweg** zurück nach **Grünau**. Alternativ kann man die Tram 68 nehmen.

BESTE ZEIT

Frühling, Sommer sowie Herbst und – spannend – wenn eine Regatta stattfindet. Termine: berliner-segler-verband.de

Im Winter gehts auf den Weihnachtsmarkt & zum Eisstockschießen beim Strandbad Wendenschloss.

START & ANREISE

ÖPNV: Vom S-Bahnhof *Grünau* sind es 10 Min. Fußweg zur Fähre F12 *Wassersportallee – Müggelbergallee,* die ganzjährig im 10-/20-Minuten-Takt verkehrt.

Die Fähre F21 (*Krampenburg – Zum Seeblick)* beim Campingplatz Kuhle Wampe pendelt nur Apr-Okt Di-So alle 30 Min.

Es gibt einen *Park & Ride-Parkplatz* am S-Bahnhof Grünau.

WOMIT BIN ICH UNTERWEGS

Zu Fuß oder mit dem Fahrrad. Evtl. mit Kajak, Tretboot oder SUP. Vielleicht sogar mit einem Floß.

WAS NEHME ICH MIT

Fahrrad-Reparatur-Set, Sonnen-/Regenschutz, Badesachen. Zum Paddeln/SUPen auch Wechselkleidung.

LÄNGE & DAUER

Die Tour beträgt 14 km – also etwa dreieinhalb Stunden zu Fuß oder eine Stunde mit dem Rad, plus Fährfahrten bzw. 3-4 Stunden mit dem Kanu.

GUTES ESSEN

Im kleinen idyllischen Garten der *Trattoria Di Mare Due* am Fähranleger in Wendenschloß genießt man den Blick aufs Wasser, auf die anlegende Fähre – und fühlt sich gleich wie im Kurzurlaub.

Am Nordufer des Langen Sees findet man beim *Sport- und Bildungszentrum Schmetterlingshorst* einen einfachen Imbiss und ein kleines *Insektenmuseum.* Eröffnet wurde die sogenannte "Schaubude" für eine Schmetterlingssammlung mit Imbiss und Ausschank 1898 von dem aus Böhmen stammenden Glasgraveurmeister Johann Bittner. schmetterlingshorst.de

Am Westufer in Karolinenhof gibt es leckere Deutsche Küche auf einer Terrasse mit Wasserblick bei der *Ruderklause.* ruderklause.com

EXTRA-TIPP

Der kultige *Zeltplatz Kuhle Wampe,* benannt nach dem Film *Kuhle Wampe – Oder wem gehört die Welt* von Bertolt Brecht & Ernst Ottwald, ist nicht nur Nachbar der Fährstation, sondern lohnt auch zum Verweilen und Bootegucken. Der Platz war nach dem Krieg Ferienlager für Berliner Kinder und seit 1976 vor allem ein Ort für Berliner Zeltler. zeltplatz-kuhle-wampe.de

Nur eine Viertelstunde von der Fähre entfernt, kann man an der sandigen *Badestelle Große Krampe* zwischen Kiefern ins klare Wasser gehen.

Nicht nur die Fähren bringen einen übers Wasser, man kann sich am Strandbad Wendenschloss bei *Flotte Dahme* Flöße (flotte-dahme.berlin) und bei *Spreedrop* SUPs und Kajaks mieten (spreedrop.de).

Kajaks bekommt man auch am Westufer bei *Eastside Canoe* (eastside-canoe.com) oder beim *Bootsverleih Bootsjunge* (bootsverleih.bootsjunge.de), der auch Flöße, Tret- und Segelboote anbietet.

Köpenick
Wasser-sportallee (F12)
Müggel-bergallee (F12)
Trattoria Di Mare Due
Flotte Dahme
Spreedrop
Strandbad Wendenschloss
Kanonenberge 70
Teufelssee
88 Müggelturm
115
Müggelberge
Grünau
Wenden-schloß
Wassersport-allee
Grünau
Dahme
Schmetterlingshorst
Regattastrecke Grünau
Langer See
Müggelheim
Strandbad Grünau
Sandstrand Bammelecke
Grünau
Großer Rohrwall
Badestelle Große Krampe
Bootsverleih Bootsjunge
Dahme
Bohnsdorf
Kleiner Rohrwall
Große Krampe
Ruderklause
Eastside Canoe
Krampenburg (F21)
Karolinenhof
Zum Seeblick (F21)
Schmöckwitz
Heideberg 43
Berlin
Brandenburg
Zeltplatz Kuhle Wampe
Siedlung Waltersdorf
Schmöckwitz-Siedlung
Berlin, Zum Seeblick
N
0 300 m
Eichwalde
STEPMAP © Stepmap, 123map Daten: OpenStreetMap, ODbL

RAUCHFANGSWERDER

Zwischen Schmöckwitz und Königs Wusterhausen durchquert man vier Seen sowie einen Kanal und genießt uriges Urlaubsflair.

Bei einer **Paddelrunde** um die **Halbinsel Rauchfangswerder** ist klar, was Ausflügler an den Stadtrand treibt: Auf dem glitzernden Wasser der **Dahme** fahren, segeln und gleiten Boote, an den Ufern wechseln sich elegante Villen, Wälder und Strände ab. Die Seen Zeuthener See, Großer Zug, Krossinsee und Seddinsee kombinieren wir zu einer schönen Ausflugsrunde.

Von der **Badewiese Eichwalde** (südlich davon einsetzen) paddeln wir den **Zeuthener See** gen Süden und halten in **Zeuthen** Ausschau nach dem **Chinesischen Garten:** Er bietet eine ungewöhnliche Harmonie der Elemente inmitten des Bootstrubels, von jeder Ecke des Gartens entdeckt man etwas anderes.

Um die Südspitze von **Rauchfangswerder** herum – übrigens Berlins südlichster Punkt – geht es dann wieder gen Norden über den See **Großer Zug.**

In der östlichsten Ecke des **Krossinsees** in **Wernsdorf,** das schon zu Königs Wusterhausen gehört, machen wir Rast an der **Naturbadestelle Krossinsee** und schwimmen im klaren Wasser. Die große Liegewiese kann an heißen Tagen voll werden, aber es gibt einen Imbiss, Toiletten, ein Volleyballfeld und einen SUP-Automaten.

Über ein kurzes Teilstück des **Oder-Spree-Kanals,** unter der Fußgängerbrücke **Schmöckwitzwerdersteg** hindurch, erreicht man den waldumsäumten **Seddinsee** und schließt damit die Runde.

BESTE ZEIT
Sommer, Herbst.

START & ANREISE
Am schönsten kommt man nach Schmöckwitz durch den Wald entlang der Dahme mit der Tram 68, in die man an der S-Bahn *Grünau* einsteigt.

WOMIT BIN ICH UNTERWEGS
Mit dem Kanu.

An der Badewiese Eichwalde gibt es SUPs bei *Ohana Sup* (ohana-sup-wildau.de) oder Kajaks am *Kayakomaten* (vorab reservieren, kontaktlos abholen, kayakomat.com).

Canadier, Kajaks, SUPs, Flöße, Tret- & Motorboote gibt es beim *Bootsverleih am Waldhotel* südlich der Badewiese Schmöckwitz bootsverleih-waldhotel.de

Kanus, SUPs u.v.m. vermietet Mi-So der *Bootsverleih Fährallee 19* am südlichen Zipfel von Rauchfangswerder. kanu-faehrallee-19.de

Auf dem *Campingplatz Berlin* im Norden des Krossinsees gibts SUPs und Boote aller Art bei *Boat4all.* boat4all.de

LÄNGE & DAUER
Für die 14 Kilometer braucht man drei bis vier Stunden, mit Bade-Stopps besser einen ganzen Tag einplanen.

WAS NEHME ICH MIT
Sonnen-/Regenschutz, Wechselkleidung, Badesachen.

GUTES ESSEN
Eine kleine Perle am Ende der Tramlinie 68 – selbst geräucherten oder gebratenen Fisch, aber auch Hähnchen oder Pilzrisotto gibt es in der urigen Holzhütte vom *Bistro Linie 68.*

Currywurst und Eis bei *Soli's Imbiss* an der Badestelle Krossinsee.

Strandlust (Mi-So) in Schmöckwitz – leckere Fischgerichte, Terrasse, toller Blick auf einem alten holländischen Kaffeekahn von 1872.

EXTRA TIPP
Floßtour statt Kanu. bootsverleih-waldhotel.de

Grünau 6 km
Fähre (F21)
Zum Seeblick – Krampenburg
Dahme
Große Krampe
Müggelheim
Seddinsee
Gosenberge 79
Bistro Linie 68
Werderchen
Weidenwall
Berlin
Brandenburg
Berlin, Alt-Schmöckwitz
Strandlust
Oder-Spree-Kanal
Schmöckwitz-werdersteg
boat4all
Die Seelodge-Berlin
Campingplatz Berlin
Schmöck-witz-werder
Eichwalde
Schmöck-witz
Badewiese Schmöckwitz
Badewiese Eichwalde
Ohana SUP & Kayakomat
Bootsverleih am Waldhotel
Waldhotel am See
Wernsdorf
Krossinsee
Schmöckwitz
Chinesischer Garten
Zeuthener See
Schmöckwitzer Werder
Badestelle Krossinsee
Soli's Imbiss
Heiuki
Zeuthener Wall
Ziegenhals
Zeuthen
Bootsverleih Fährallee 19
L30
Zeuthen
Waldspiel-platz
Königs Wusterhausen
Rauchfangs-werder
Dahme
Großer Zug
Ohana SUP Wildau 2 km
Miersdorfer Werder
Niederlehme
Wildau
N
0 300 m
STEPMAP © Stepmap, 123map Daten: OpenStreetMap ; ODbL

KÖNIGS WUSTERHAUSEN – PRIEROS

Folgt man der Dahme paddelnd oder radelnd, gelangt man irgendwann nach Prieros, einem idyllischen kleinen Ort inmitten des Naturparks Dahme-Heideseen. Am besten ein paar Tage einplanen, um all die Seen und Wälder zu erkunden!

Dass man südöstlich von Berlin viel Zeit verbringen könnte, deuten bereits die ausgeschilderten Mehrtagestouren an: Die Paddeltour Märkische Umfahrt zählt 180, der Dahme-Radweg 123 Kilometer.

Wir wählen **Königs Wusterhausen** als Startpunkt, um in den **Naturpark Dahme-Heideseen** zu gelangen, ein 594 km² großes Schutzgebiet mit mehr als 100 Seen. Unterwegs kommt man durch kleine Dörfer und an grünen Uferlandschaften vorbei, paddelt unter Brücken hindurch oder radelt über sie hinweg – insgesamt liegen drei Seen auf dem Weg, verbunden durch die Dahme.

Am **Krimnicksee** befindet sich das **Strandbad Neue Mühle**, am **Krüpelsee** das 3.000 Jahre alte **Fischerdorf Kablow,** entlang der **Dahme** wilder Wald und gepflegte Gärten mit Bootsstegen. Am **Dolgensee** genießt man schöne Aussichten auf beiden Seiten, bevor man mit dem Rad im Wald verschwindet oder mit dem Kanu mitten auf dem See.

Die **Dahme** bringt einen direkt nach **Prieros**. Die Dorfaue ist Mittelpunkt des 1.000-Einwohner-Dorfes. Dort gibt es das leckerste Milcheis, mit dem man zur großen Wiese schlendert, wo Boote anlegen, und weiter zum 250 Jahre alten **Heimathaus,** der **Dorfkirche** und **Info-Punkt Naturpark Dahme-Heideseen** im Fachwerkhaus neben der Alten Schule. Die **Tourist-Info Heideseen** ist neben dem Heimathaus.

Wie geht es weiter? Mit dem Rad bis zur Dahme-Quelle bei Kolpien, mit dem Kajak Richtung Märkisch Buchholz, zu Fuß nach Teupitz – oder erst mal für eine Nacht auf den Campingplatz?

BESTE ZEIT
Sommer.

START & ANREISE
Bahnhof *Königs Wusterhausen,* wo man hinter dem Bahnhofsgebäude mit dem Rad den Schildern Richtung Neue Mühle folgt.

Zum Kanuvermieter *Königsboot* sind es nur 500 m zu Fuß.

WOMIT BIN ICH UNTERWEGS
Mit dem Fahrrad oder dem Kanu.

WAS NEHME ICH MIT
Wechselkleidung, wasserdichte Packsäcke, Regen-/Sonnen-/Mückenschutz, Sonnenbrille, Reparatur-Set. Evtl. Zelt, Schlafsack, Isomatte.

LÄNGE & DAUER
Fahrradtour: Der *Dahme-Radweg* führt von Berlin-Köpenick bis nach Kolpien. Die hier vorgeschlagene 42 Kilometer lange Tour ist Teil der zweiten Etappe, die von Königs Wusterhausen über Prieros bis Märkisch Buchholz führt. Vom Bahnhof *Halbe* fahren Regionalbahnen zurück nach Berlin. Oder man hängt noch die 60 Kilometer lange Etappe bis Kolpien an.

Paddeltour: Die Märkische Umfahrt ist eine Paddelrunde über Erkner, Fürstenwalde, Märkisch Buchholz, Prieros und Königs Wusterhausen, die man in 7-11 Tagen absolvieren kann. Dabei passiert man die Schutzgebiete Spreewald und Dahme-Heideseen. Unsere 23 Kilometer lange Etappe startet in Königs Wusterhausen, wo man sich Boote bei *Königsboot* (koenigsboot.de) mietet. In Prieros kann man unkompliziert auf dem *Campingplatz Am Mühlenfließ* unter Birken mit kleinem Zelt übernachten (prieros-camping.de), bevor man am nächsten Tag zurückpaddelt – oder die ganze Märkische Umfahrt in Angriff nimmt (siehe dazu auch Extra Tipp).

GUTES ESSEN
Vor dem Dolgensee befindet sich in Gussow das *Eiscafé Strandidyll* am Ufer der Dahme.

Nach Querung des Dolgensees bieten links das *Gasthaus Kober Tel. (033767) 30 84 30* in Dolgenbrodt stärkende Nahrung und ein Bett sowie rechtsufrig in Friedrichsbauhof *Kuddels Gastwirtschaft* (kuddels-gastwirtschaft.de) sein berühmtes Gulasch mit original tschechischen Semmelknödeln.

In Prieros serviert *Der Eispate* feinstes Milcheis. der-eispate.de

EXTRA-TIPP
Weitere Infos zu Kanutouren in dieser Region liefern die Bücher KANU KOMPAKT "Märkische Umfahrt" und KANU KOMPASS "Brandenburg, Berlin". KANU-buch.de

Wissenswertes zum Naturpark erfährt man beim *Info-Punkt Naturpark Dahme-Heideseen* neben der Alten Schule von Prieros. dahme-heideseen-naturpark.de

Bootsverleih Königsboot
Niederlehme
Schleuse Neue Mühle
Zernsdorf
Kablow
Friedersdorf
Dahme
Krüpelsee
Krimnicksee
Senzig
L40
Königs Wusterhausen
Strandbad Neue Mühle
Paulines Hafencafé
Kirche Kablow
Bindow
Wolzig
Weißer Berg 71
Huckatzberg 60
Zeesener See
Zeesen
Eiscafé Strandidyll
Ziestsee
Gussower Landgraben
Aussichtsplattform Dolgensee
Gussow
Wolziger See
Körbiskrug
Seechen
Todnitzsee
Weinberg 71
Dolgensee
Gasthaus & Restaurant Kober
Bestensee
Glunzbusch
Dolgenbrodt
Langer See
Kolberg
Tonsee
Gräbendorf
Dahmebrücke
Kuddels Gastwirtschaft
Pätzer Vordersee
L743
B246
Badestrand und Liegewiese Prieros
Der Eispate
Heimathaus Prieros
Pätz
Pätzer Berg 60
Frauensee
Prieros
Info-Punkt Naturpark Dahme-Heideseen
Schleuse Prieros
Tiefer See
Dubrowberg 54
Campingplatz Am Mühlenfließ
Großer Kahlkopf Horst 77
Pätzer Hintersee
Förstersee
Schmöldesee
Sauberg 82
Streganzer Berg 94
Katzenberge 60
Campingplatz Hölzerner See
Hölzerner See
Dahme Floß
Paddeltour Märkische Umfahrt
Neubrück
A13
Güldensee
Naturpark
Dahme-Heideseen
Klein Köriser See
L742
Stintgraben
Hermsdorfer Mühle
Zemminsee
Groß Köris
Klein Köris
B179
Hermsdorfer Fließ
Hermsdorf
Schweriner See
Schwerin
Löpten
Hohe Bude 73
Teupitz
Grenzgraben
Birkholz
Finkenberg 63
Weinberg 70
L74
Halbe
Märkisch Buchholz
Dahme-Radweg
Dahme-Quelle 62,5 km
Dahme-Umflutkanal
N
0
1 km

MÜGGELSPREE ZWISCHEN HANGELSBERG & NEU ZITTAU

In Begleitung von Bibern, Schwänen und Pferden paddelt man auf der Müggelspree Berlin entgegen und hört nur Vogelrufe und die eigenen Paddelschläge – die Stadt scheint so fern zu sein!

Man sollte die **Spree** kennenlernen, kurz bevor sie die Grenze zur Hauptstadt überschreitet. Ab **Hangelsberg** schlängelt sie sich durch die Natur. Wir folgen ihrem kurvenreichen Lauf und tauchen rhythmisch das Paddel ins Wasser. Eine ganz leichte Strömung hilft beim Vorwärtskommen. Am Ufer wechseln sich Wiesen mit Viehweiden und Wäldern ab. Wenn wir pausieren, lassen sich Libellen auf unserem Paddel nieder und mit ein bisschen Glück können wir Graureiher und Eisvögel beobachten. Vielleicht sogar einen Biber! Angenagte Baumstämme sind auf jeden Fall zu sehen. Enten und Schwäne schwimmen nebenher und Fische springen aus dem Wasser, um Hallo zu sagen. Abgesehen von den Tieren, ist man unter der Woche hier allein.

Doch spätestens, wenn man in **Neu Zittau** eine Bio-Limonade bei **Spreeboard** trinkt, weiß man: Es ist nicht mehr weit in die Hauptstadt. Noch ein paar Paddelschläge, und man gleitet auf der Spree kurz vor dem Dämmeritzsee über die Landesgrenze.

Der **Müggelspree** kann man noch weiter bis Köpenick folgen, wo sie nur ihren Namen ändert und zur Treptower Spree wird.

Müggelspree zwischen Hangelsberg & Neu Zittau
Grünheide (Mark), Landkreis Oder-Spree

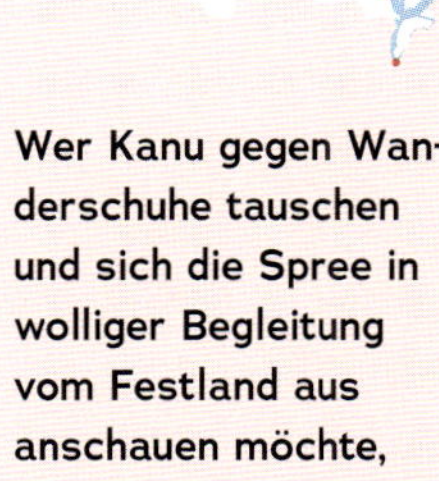

BESTE ZEIT
Frühling bis Herbst.

START & ANREISE
ÖPNV: Mit der RB bis Bahnhof *Hangelsberg*. Dort am Sportplatz vorbei zum Kanuvermieter & Shop *KanuSport Spree* (Bahnhofstr. 1, 15537 Grünheide) laufen.

Dort gibt es auch ein paar Parkplätze.

WOMIT BIN ICH UNTERWEGS
Mit dem Kanu.
Zu mieten bei:

KanuSport Spree in Hangelsberg. kanu-spree.de

Spreeboard in Neu Zittau (spreeboard.de). Dann muss man allerdings gegen eine ganz leichte Strömung anpaddeln.

LÄNGE & DAUER
Die 27 Kilometer von Hangelsberg nach Erkner lassen sich am besten auf zwei Tage aufteilen. Übernachtung auf dem *Campingplatz Jägerbude* oder in der zugehörigen *Pension*. spreecamping.de

WAS NEHME ICH MIT
Mücken-/Regenschutz, Sonnenbrille, Wechselkleidung und Proviant. Wasserdichte Packtaschen und evtl. Zelt, Schlafsack, Isomatte

GUTES ESSEN
Rustikale Deutsche Küche gibt es im Restaurant *Zum Nussknacker* auf dem Campingplatz Jägerbude. zum-nussknacker.de

Bei kleinem Hunger hilft *Spreeboard* in Neu Zittau. spreeboard.de

EXTRA-TIPP
Heutzutage leben nicht nur in den Anden niedliche Alpakas. Ein paar Exemplare sind in Burig (Gemeinde Gosen-Neu Zittau) heimisch geworden. Wer Kanu gegen Wanderschuhe tauschen und sich die Spree in wolliger Begleitung vom Festland aus anschauen möchte, sollte die *Spreeland Alpakas* besuchen. spreeland-alpakas.de

Sa+So kann man in Burig lecker vegan im *Gasthof Falkenhorst* schlemmen, wo es auch Übernachtungsmöglichkeiten gibt. gasthof-falkenhorst.de

Mehr KANU- & SUP-Touren für diese Region gibt es im KANU KOMPAKT *"Märkische Umfahrt", "Berlin", "Spreewald"* sowie im KANU KOMPASS *"Brandenburg, Berlin"*, SUP-GUIDE *"Berlin & Umland"*. KANU-buch.de

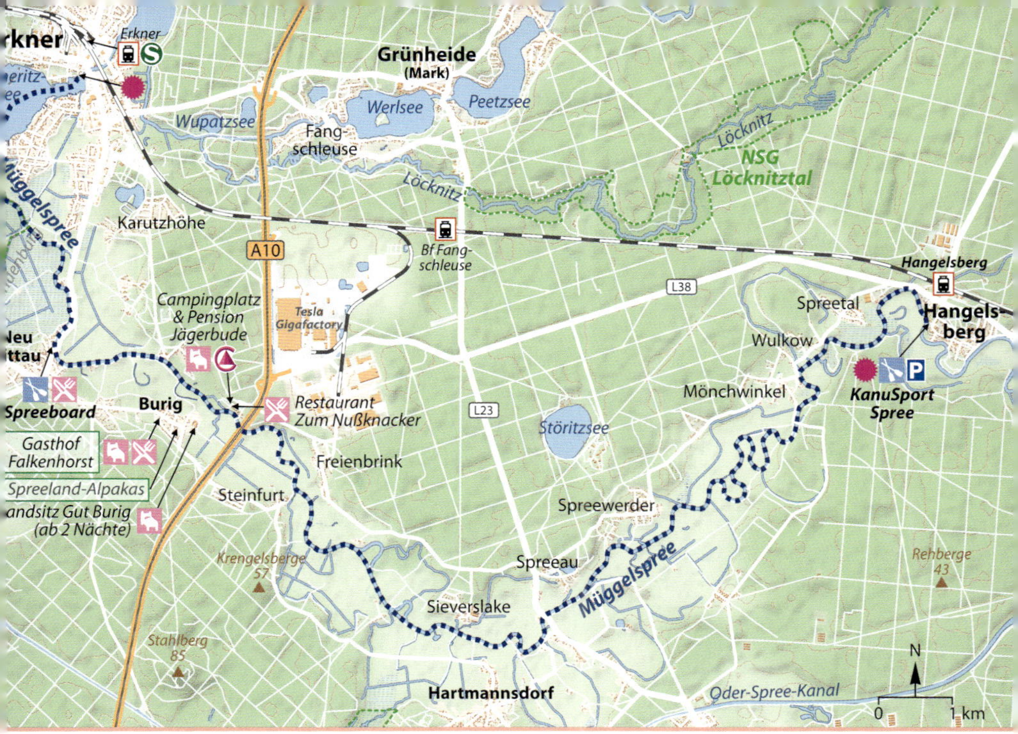

Müggelspree zwischen Hangelsberg & Neu Zittau

Grünheide (Mark), Landkreis Oder-Spree

LÖCKNITZTAL

Wer sich Zeit nimmt, findet im Naturschutzgebiet Löcknitztal eine einzigartige Flora und Fauna – und eine romantische Ruhe.

Die **Fontane-Kiefer** beugt sich über den Wanderweg, streckt einen Ast so weit aus, als möchte sie die Oberfläche der Löcknitz berühren. Es ist ein kleiner, idyllischer Platz, an dem es von den Baumwipfeln zwitschert und an dem wohl schon Theodor Fontane auf seinen Wanderungen durch Brandenburg rastete.

Östlich des Deutschen Kriegerdenkmals beginnt das **Naturschutzgebiet Löcknitztal** entlang des gleichnamigen Nebenflusses der Spree. In diesem 488 Hektar großen Gebiet leben über 100 verschiedene Vogel- und 600 Großschmetterlingsarten.

Wir wandern jedoch am **Bahnhof Erkner** los, denn am Parkplatz Fangschleusenstraße beginnt der *Wupatz' Lehrpfad* (3,6 km Rundweg), an dem besonders die Kinder ihren Spaß haben. Es gibt Suchspiele und Naturtipps, auf Klapptafeln stehen Fragen und Antworten: Wie heißt die eiweißreiche grüne Oberfläche des Wassers? – Wasserlinsen!

An den Feuchtwiesen und am **Wupatzsee** gesellen sich auch mal Mücken dazu, man wandert durch Misch- und Kiefernwald und kommt zu einer kleinen Haussiedlung. Nach der **Froschbrücke** durchquert man Schafweiden. Bei nassem Wetter kann es hier matschig werden. Die **Löcknitz** taucht immer wieder zur Linken auf – mal ganz anmutig mit Schwänen auf ihrer Oberfläche, mal ganz versteckt und nur als Ahnung hinter den Wiesen.

Für noch mehr Idylle läuft man einfach weiter, kehrt in der **Forellenanlage Klein-Wall** ein und folgt dann dem *66-Seen-Wanderweg* zum **Bhf Hangelsberg** – oder kehrt beseelt zum **Bahnhof Fangschleuse** um.

Löcknitztal
Fangschleuse, Grünheide (Mark), Landkreis Oder-Spree

BESTE ZEIT

Frühling und Herbst. Im Sommer ist es schön kühl, aber auch mückig.

START & ANREISE

ÖPNV: Wer die Tour mit oder nur den Wupatz' Lehrpfad gehen möchte, startet a. d. Fangschleusenstr. bzw. *Bhf Erkner*.

Für die idyllische Runde ins NSG Löcknitztal läuft man vom *Bhf Fangschleuse* 500 Meter zum Deutschen Kriegerdenkmal und startet dort Richtung Fontane-Kiefer.

Parkplätze gibt es Fangschleusenstr. 6, 15537 Erkner sowie am Deutschen Kriegerdenkmal (52.412779, 13.826547).

WOMIT BIN ICH UNTERWEGS

Zu Fuß.

WAS NEHME ICH MIT

Regen-/Mückenschutz, Fernglas, feste Schuhe, Proviant.

LÄNGE & DAUER

Etwa elf Kilometer sind es vom Parkplatz in der Fangschleusenstr. 6 in Erkner (ab Bhf Erkner 1,5 km mehr) bis zur Fontane-Kiefer und dann zum Bahnhof Fangschleuse. Zweieinhalb Stunden kann man locker dafür einplanen.

GUTES ESSEN

Vor der Rückfahrt nach Berlin kann man direkt am Bahnhof Fangschleuse noch griechisch essen beim beliebten *Dionysos Restaurant*. dionysos-fangschleuse.de

EXTRA-TIPP

Flügelbräu – die kleinste Brauerei Brandenburgs im *Flügel's Hof* (Do-So 14-20 Atelier, Brauerei, Café, Veranstaltungen) in Fangschleuse. Im Café erwarten Euch Waffeln, Kuchen oder deftiges Treberbrot mit köstlichen Belegvariationen. fluegels-hof.de

Funny's in Fangschleuse vermietet Boote, mit denen man auf der Löcknitz paddeln kann. funnys-boote-composites.de

Bade-Tipp: 3 km südlich vom Bhf Fangschleuse besticht der naturbelassene *Störitzsee* mit klarstem Wasser und zwei öffentlichen Stränden. Der fast runde, 34 ha große See, der an seiner tiefsten Stelle 7 Meter misst, hat ausgezeichnete Wasserqualität.

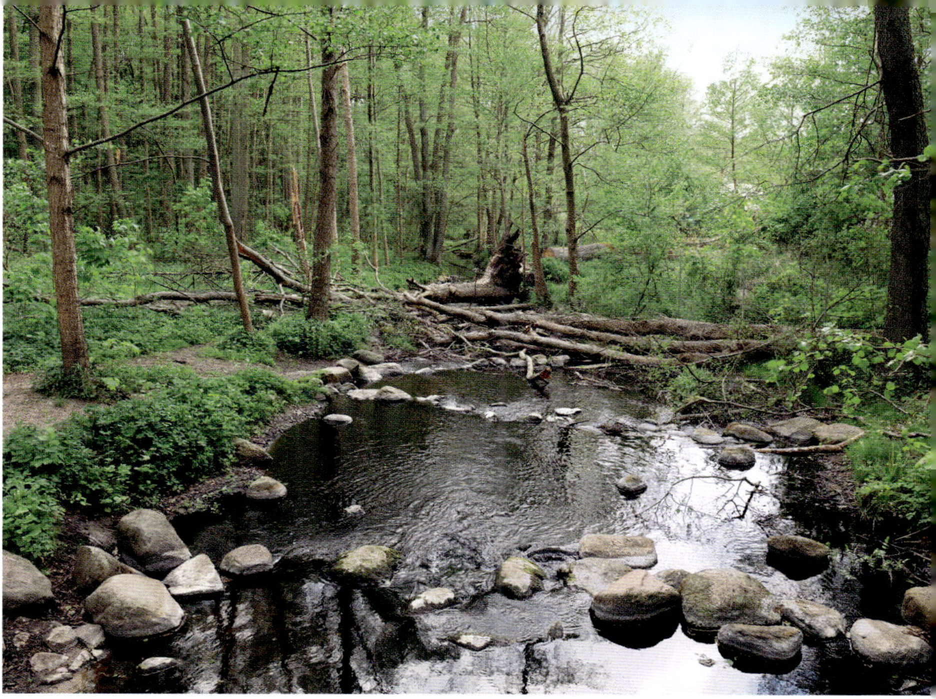

Muggel-Spree-Weg
Knitztalweg

GRÜNHEIDER SEEN

Folgt man der Oder-Spree-Tour oder dem Europaradweg R1, kommt man automatisch an der funkelnden Seenkette vorbei – Zeit für Strand, Rad und Eis.

Natürlich sucht man sich eine **Radtour entlang einer Seenkette** aus, um ständig zum Pause machen verführt zu werden – Gründe gibt es genug.

Gleich zu Beginn biegen wir zum breiten **Nordstrand** vom **Werlsee** ab. Wer ein bisschen Ruhe möchte und noch voller Energie ist, schwimmt zur **Liebesinsel** in der Mitte. Beim Biergarten am **Peetzsee** (ehemals Heydewirt) direkt neben dem Bürgerpark in **Grünheide** könnten wir schon wieder Pause machen.

Der **Strand** am südöstlichen Ufer des **Peetzsees** in **Altbuchhorst** ähnelt einer Tribüne aus Sand, wo man zusammen mit Zeltplatzgästen, Peetzsee-Anwohnern und den anderen Fahrradfahrern entlang des *Europaradweges R1* oder der *Oder-Spree-Tour* die Handtücher ausbreitet. Nicht umsonst steckt in *Peetz* das slawische Wort für Sand – von der schmalen Straße rollt der Sandhang bis hinunter ins klare Wasser, das an einigen Stellen bis zu 25 Meter tief reicht.

Nächster Stopp: Der **Möllensee**, der den höchsten Waldanteil der drei Grünheider Seen hat. An einem Knick liegen sich zwei **Campingplätze** direkt gegenüber, am Campingplatz *Möllensee Nord* befindet sich ein schöner **Sandstrand** mit Spielplatz und Eisverkauf. Von dort radelt man entweder wieder zurück und steigt am **Bahnhof Fangschleuse** in den Zug – oder folgt den Fernradschildern bis zum **Bahnhof Fürstenwalde** für eine überschaubare 32-Kilometer lange Tagesetappe.

Auch eine Idee: Zurück zum Lieblingsstrand fahren.

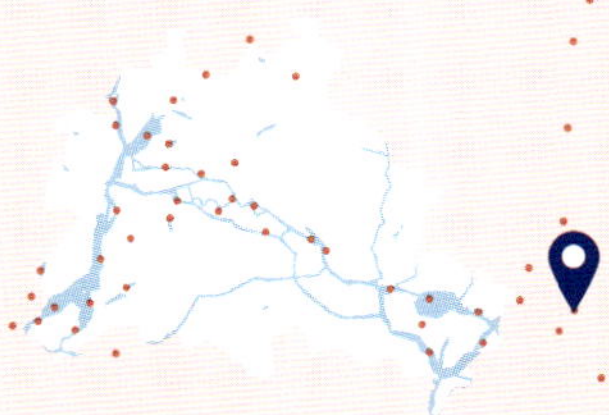

BESTE ZEIT
Sommer.

START & ANREISE
ÖPNV: Vom Bahnhof *Erkner* kann man den Schildern der *Oder-Spree-Tour* *(radelnde Naturschutz-Eule auf gelbem Schild)* oder *dem Europaradweg R1* *(grünes R1 Symbol)* folgen – nur nicht vergessen, hier und da für Bade- und Einkehrpausen abzubiegen.

Parkplätze gibt es am Bahnhof (Julius-Rütgers-Straße 1, 15537 Erkner) und an der Löcknitz (Fangschleusenstr. 6, 15537 Erkner).

WOMIT BIN ICH UNTERWEGS
Mit dem Fahrrad.

Auch sehr schön: Mit dem SUP oder dem Kanu übers klare Wasser gleiten.

WAS NEHME ICH MIT
Badesachen, Sonnen-/Regen-/Mückenschutz, Fahrradbrille & Reparatur-Set.

LÄNGE & DAUER
21 Kilometer. Mit dem Fahrrad knapp eineinhalb Stunden Fahrzeit. Natürlich viel länger mit all den Pausen.

GUTES ESSEN
Schön sitzt man mit einem kühlen Getränk direkt am Peetzsee im Biergarten (ehemals Heydewirt), der im Sommer 2024 wiedereröffnet wird.

Eine herrliche Location in Fangschleuse direkt am Wasser der Löcknitz ist das *Steakhaus Dos Gauchos*. dosgauchos.de

EXTRA-TIPP
Ein schönes Wanderziel im NSG Löcknitztal ist die *Forellenanlage Klein-Wall* mit Imbiss (Apr-Okt 7-18, Nov-Mär 8-16 Uhr) klein-wall.de

Sobald es wieder eine Kanuvermietung direkt an der Grünheider Seenkette gibt, ist die See-Erkundung auf dem Wasser wohl am schönsten. Man kann jetzt auch natürlich sein eigenes Kanu oder SUP mitbringen.

Alternativ mietet man sich ein Boot bei *Kanu-Sport Spree* in Hangelsberg und transportiert es mit dem eigenen Pkw zu den Seen. kanu-spree.de

Auch bei *Funny's* an der Gottesbrückbrücke in Fangschleuse bekommt man ein Kanu, paddelt auf der Löcknitz zum Werlsee und einmal um die Liebesinsel herum – und wer noch nicht genug hat, auch noch weiter zum Peetzsee und Möllensee. funnys-boote-composites.de

Mehr Infos zum Stand Up Paddling auf den Grünheider Seen findet Ihr im SUP-GUIDE *"Berlin & Umland"*. SUP-buch.de

Woltersdorf
Kalksee
Rüdersdorf
Fürstenwalde 20 km
Möllensee
L23
Mönchskopf 93
Wurzelberge 87
Hoher Zacken 101
Kranichsberg 105
Blauer Zacken 98
Campingplatz Möllensee Nord
Finkenstein
Fuchsberg 65
Möllensee
Kies-see
Erkner
Altbuchhorst
Flakensee
A10
Werlsee Nordstrand
Biergarten am Peetzsee
Campingplatz Kagel
Flügel's Hof (Do-So) Café & Brauerei
Grünheide (Mark)
Bf Erkner
Heidereutersee
L38
Priester-see
Werlsee
Peetzsee
Fangschleusenstr.
Forellenanlage Klein-Wall
Wupatz-see
Fang-schleuse
Liebesinsel
Strand am Peetzsee
Neue Löcknitz
Dos Gauchos
Werlsee Südstrand
Alte Löcknitz
Gottesbrück-brücke
Funny's
NSG Löcknitztal
Karutzsee
Löcknitz
Karutzhöhe
Dionysos
N
0 500 m
Tesla Gigafactory
Fangschleuse
KanuSport Spree Hangelsberg 3 km

DER FLAKENSEE

Der Flakensee bringt seine Besucher vom Schnitzel zum Sandstrand bis hin zur Poesie – ein kleiner Uferspaziergang.

Von der *SchleusenWirtschaft* hat man den **Flakensee** und seine Möglichkeiten im Blick: Kleine Wellen schwappen gegen die angelegten Floßboote, ein **Uferweg** führt linker Hand entlang, ein paar Meter weiter werden **Kanus vermietet.** Von Brandenburger Boden schaut man auf Berlins östlichsten Punkt am anderen Ufer.

Wir folgen der **Strandpromenade** vorbei an den *Flakenseeterrassen* bis zur **Badestelle Weißer Strand.** Hier baden Tagesausflügler und Camper vom Zeltplatz Flakensee nebenan und sonnen sich am großen Sandstrand.

Wir kehren nicht um, wenn wir die **Löcknitz** erreichen, denn: Jetzt beginnt der **Waldpoesie-Pfad Erkner.** An zehn Stationen lernen wir einen Baum und einen Dichter oder eine Dichterin mit einem Werk kennen. Eva Strittmatters Gedicht entführt uns zu den drei Weiden im Garten, Georg Trakls zu einem Ahorn-Baum. Natürlich ist auch Fontane vertreten, der das Löcknitztal besonders ausgiebig erkundete und schon so einigen Wanderern und Lesenden die Brandenburger Natur näherbrachte.

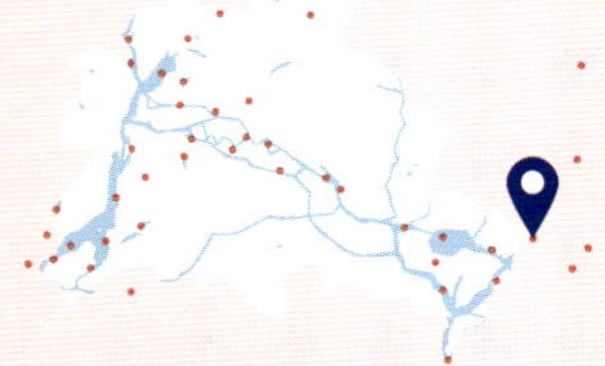

ANREISE

ÖPNV: **Hinweg** – Mit der S-Bahn nach *Rahnsdorf* und von dort mit der historischen Tram 87 zur *Woltersdorfer Schleuse.*

Rückweg – Vom Ende des Waldpoesie-Pfades mit Buslinie 419, 429 oder 436 (bos-fw.de) von *Löcknitz Anlegestelle* zum Bahnhof *Erkner.*

Oder zu Fuß zurück zur Woltersdorfer Schleuse.

Parkplätze gibt es an der Löcknitz (Fangschleusenstr. 6, 15537 Erkner) und bei der Schleuse (Buchhorster Str. 1, 15569 Woltersdorf).

WOMIT BIN ICH UNTERWEGS

Zu Fuß.

LÄNGE & DAUER

Die 3 Kilometer Strecke (One-Way) schafft man in weniger als einer Stunde – aber natürlich sollte mehr Zeit eingeplant werden, um am Strand zu liegen und Gedichte im Wald zu lesen.

GUTES ESSEN

In der *SchleusenWirtschaft* werden Soljanka, Gulasch und hausgebrautes Bier ausgeschenkt, im Winter am Kaminofen und im Sommer im Biergarten. schleusenwirtschaft.de

Sehr leckere Kuchen, aber auch Senfeier, Schnitzel oder Fisch sind im Restaurant *Flakenseeterrassen* zu bekommen. Fr-So 8.30-10.30 auch Frühstück. flakenseeterrassen.com

EXTRA-TIPP

Floßleben an der Schleuse – Mit einem *Floß* schaukelt es sich besonders gemütlich über den Flakensee. flossleben.de

Spree-Safari bietet nicht nur Flöße, sondern auch Motor-, Tretboote und Canadier. spree-safari.de

In rund 15 Min. spaziert man von der Schleuse hinauf zum historischen *Aussichtsturm* auf dem *Kranichsberg.* Im Turm erzählt die Dauerausstellung (Sa+So 10-16) *"Als Woltersdorf noch Hollywood war"* die Filmgeschichte des Ortes in den Jahren 1920-1938. Wer weiß schon, dass der nach Hollwood emigrierte Joe May 1918 die nach ihm benannte May-Filmstadt in Woltersdorf errichtete. Hier stand die Kulisse für die Monumentalfilme *Das indische Grabmal* und *Der Tiger von Eschnapur.* woltersdorf-schleuse.de

Möchte man länger bleiben, kann man sein Zelt auf dem beliebten *Campingplatz Flakensee* aufstellen. campingplatz-flakensee.de

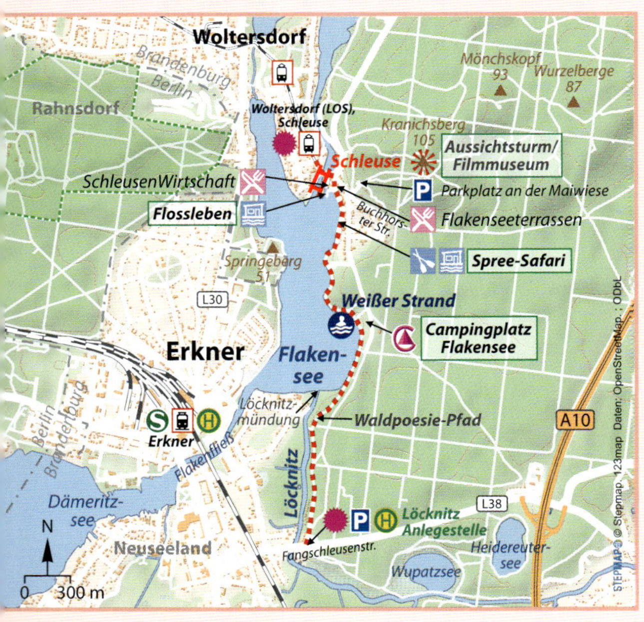

RÜDERSDORF & KALKSEE

Eine Paddeltour durch Industrie- und Filmgeschichte führt von Rüdersdorf über den Kalksee zum Flakensee – und zurück nach Berlin in einer famosen Straßenbahn.

Die historischen Türme der **Rüdersdorfer Kalksteintagebauten** ragen in den Himmel und erinnern an die hiesige Industriegeschichte. Da der **Museumspark Rüdersdorf** vom **Strausberger Mühlenfließ** umgeben ist, erkunden wir die teils verfallenen Gebäude – Lost Places – vom Wasser aus.

Nicht nur der Kalkabbau hat sich in die örtlichen Geschichtsbücher eingeschrieben, sondern auch das **Märkische Hollywood.** Zwischen Rüdersdorf und Woltersdorf entstanden in der Gegend ab 1919 etliche Filme. Der Filmregisseur *Joe May* verlegte die Alpen in den Kalkbruch, stellte Palasttürme ans Ufer des Kalksees und lieh sich ein Krokodil aus dem Berliner Zoologischen Garten.

Das muss man sich vorstellen, wenn man über den funkelnden, zwei Kilometer langen See paddelt und an eine **Badestelle** namens *Am Film* anlegt. Nur noch der Name erinnert an das ehemalige Stummfilmgelände, eine schöne Badewiese ist es allemal.

Von Film und Kalk erholt man sich in den Cafés an der **Woltersdorfer Schleuse,** die neue, moderne Geschichten schreiben und steigt dann, wieder auf historischen Spuren, in die nostalgischen gelben Wagen der Tram 87, die über 110 Jahre alte Woltersdorfer Traditionsstraßenbahn, Richtung Rahnsdorf.

Rüdersdorf (Landkreis Märkisch-Oderland), Woltersdorf (Landkreis Oder-Spree)

BESTE ZEIT

Bei filmreifem Sommer-Sonnenwetter.

START & ANREISE

ÖPNV: **Hinweg** – Mit der S-Bahn nach *Friedrichshagen*, dort weiter mit der Tram 88 zur Haltestelle *Rüdersdorf, Museumspark*, nur fünf Minuten Fußweg vom Freilichtmuseum entfernt.

Rückweg – Nach der geführten Kajaktour kann man die knapp 5 km in gut 1 Std. zu Fuß zur Woltersdorfer Schleuse laufen und mit der historischen Tram 87 nach *Rahnsdorf* fahren. Dort weiter mit der S-Bahn.

Parkplätze gibts bei der Woltersdorfer Schleuse (Buchhorster Str. 1, 15569 Woltersdorf).

Auch am Museumspark Rüdersdorf (Heinitzstr., 15562 Rüdersdorf) kann man parken.

WOMIT BIN ICH UNTERWEGS

Mit dem Kajak – *AlohaKajak* an der Marina Rüdersdorfer Museumspark bietet am Wochenende tolle geführte Touren an. alohakajak.de

LÄNGE & DAUER

Empfehlenswert ist die *Lost Place-Tour.* Diese von *AlohaKajak* geführte Kajak-Tour geht vom Rüdersdorfer Museumspark über das Strausberger Mühlenfließ vorbei an alten Industrieruinen und vermittelt einen Eindruck vom Leben und Arbeiten im 19./20. Jahrhundert. Sie ist gut 4 Kilometer lang und dauert etwa 2 Stunden .

Die 12 km lange geführte *Entdecker Tour* von *AlohaKajak* von Rüdersdorf zur Woltersdorfer Schleuse und zurück, dauert 6 Std. inkl. Wanderung und Pausen.

Beim *Sportboothafen Museumspark* kann man auch mit dem eigenen Kanu/SUP lospaddeln.

WAS NEHME ICH MIT

Regen-/Sonnenschutz, Wechselkleidung, Badesachen, Fotoapparat.

GUTES ESSEN

Richtig leckere, gutbürgerliche Küche gibt es Di-So ab 12 Uhr neben dem Museumspark im *Heinitz 11*, im ehemaligen Kurfürstlichen Bergschreiberamt. aufdenpunkt-events.de

Almchen in Woltersdorf – Tiroler Schmankerln, guten Kaffee und leckere Weine – tagsüber im Straßen-Café, abends in der Bar. Do+Fr ab 16, Sa+So ab 12 Uhr. almchen.de

Leckere Kuchen in der Konditorei *Café Knappe.* konditorei-cafe-knappe.de

EXTRA-TIPP

Etwa 15 Min. läuft man von der Schleuse zum *Woltersdorfer Aussichtsturm* auf dem *Kranichsberg,* siehe Extra-Tipp Tour 40, Seite 166. woltersdorf-schleuse.de >Freizeit & Kultur >Aussichsturm

Der *Museumspark Rüdersdorf* (Di-So 10-18) ist auch heute noch eine beliebte Filmkulisse für Historien- und Kriegsfilme. Die 1804 gebauten Rumfordöfen, die wie Keller von Kirchen anmuten, eignen sich für Mittelalterfilme. So entstanden dort Filme wie *Die Hebamme* oder *Der Medicus.* museumspark.de

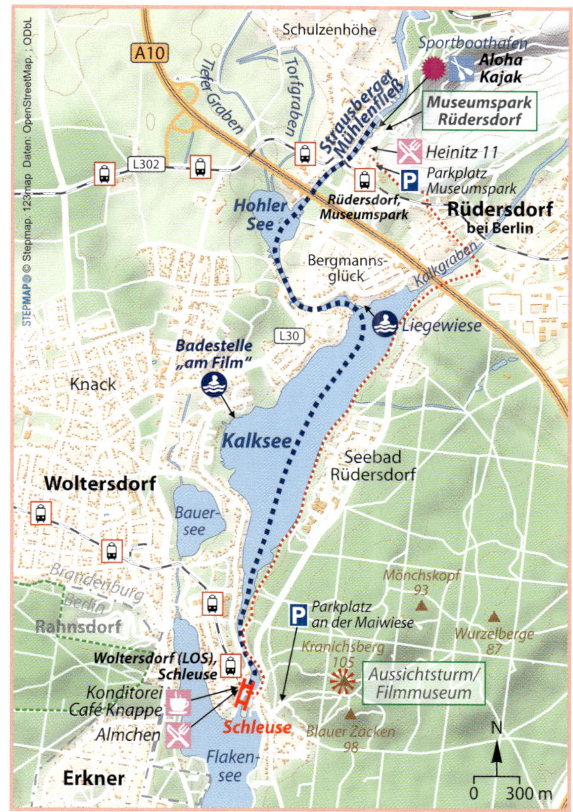

Rüdersdorf (Landkreis Märkisch-Oderland), Woltersdorf (Landkreis Oder-Spree)

DER STIENITZSEE

Ein wunderbares kleines und sauberes Strandbad, mit feinem Sand und klarem Wasser, zwischen einem moorreichen Naturschutzgebiet und historischen Industriegebäuden, lädt zu einem tollen Badeausflug ein.

Man sollte sich dem **Stienitzsee** durch den Wald nähern: Wie das Licht am Ende des Tunnels erscheint er ganz hell und immer größer werdend in der Wegschneise zwischen den Bäumen.

Mit dem Fahrrad sind wir von **Strausberg** gekommen und in **Torfhaus** (ein Abstecher zur **Mühle Lemke** mit Hofladen lohnt sich!) an der *Goldschmiede Lignoro* rechts in den Wald eingebogen. Als wir die kleine Wiese am Ende des Weges erreichen, werden wir mit einem weiten Ausblick über den drei Kilometer langen See belohnt.

Wir halten uns ans **Nordwestufer** und fahren über Waldpfade durchs **Naturschutzgebiet Lange Damm-Wiesen**. Ein Picknicktisch und lauter kleine **Badestellen** am See verführen zur Rast. Das **Strandbad Stienitzsee** am **Südostufer** lädt mit Café, Bar, Fischbrötchen und sonntags mit geräucherter Forelle gegen einen Obolus zum Bleiben. Wir haben die Wahl zwischen Wiese oder Strand, SUP oder Schwimmnudel, Tretboot oder Kanu, Rausschwimmen oder Sonnenbaden. Die Runde um den See schließt sich am **Nordufer** über einen **Holzplankenweg** an den sogenannten **Gummiwiesen**. Seit 1951 stehen sie unter Naturschutz, das Moor erholt sich und hilft, das Klima zu verbessern.

Radelt man weiter, befindet man sich zwischen den Zeiten: Einerseits weisen historische Gebäude auf die **einstige Ziegelindustrie** und den **Rüdersdorfer Kalksteintagebau** hin, anderseits wird hier und da restauriert und Betonmischer fahren die Straße entlang auf dem Weg zu neuen Zeiten und neuen Wohnvierteln.

Der Stienitzsee

Hennickendorf, Gemeinde Rüdersdorf bei Berlin, Landkreis Märkisch-Oderland

BESTE ZEIT
Im Sommer zum Baden.

START & ANREISE
ÖPNV: Mit der S-Bahn nach *Strausberg*, von dort in 15 Min. mit dem Fahrrad zum See.

Vom *Parkplatz am Wachtelberg* in Hennickendorf (Strausberger Str. 1, 15378 Rüdersdorf bei Berlin) erreicht man auch die Gummiwiesen und den *Wachtelturm* auf dem *Wachtelberg*. hennickendorf.de

Beim Strandbad gibt es einen großen Parkplatz (Berliner Str. 12, 15378 Rüdersdorf bei Berlin).

WOMIT BIN ICH UNTERWEGS
Mit dem Fahrrad.

WAS NEHME ICH MIT
Badesachen, Regen-/Sonnenschutz & -brille, Fahrrad-Reparatur-Set.

GUTES ESSEN
Im *Café* des *Strandbades Stienitzsee* gibt es Herzhaftes und Süßes – von Bulette und Bratwurst über geräucherte Forelle bis hin zu Kuchen und Eis. strandbad-stienitzsee.com

EXTRA-TIPP
An der *Slipanlage* (Fischerweg, 15378 Rüdersdorf b. Berlin) oder am *Strausberger Mühlenfließ* kann man sein SUP/Kanu gut ins Wasser lassen.

Zwischen Juni und September finden im Rahmen des *Artström Festivals* in und um die *Turbinenhalle am Stienitzsee* Konzert- & Ballettveranstaltungen, Ausstellungen und der jährliche Waldlauf *Stienitzsee Open* statt. turbinehallstienitzsee.com

Museumspark Rüdersdorf (Di-So 10-18) siehe Seite 170.

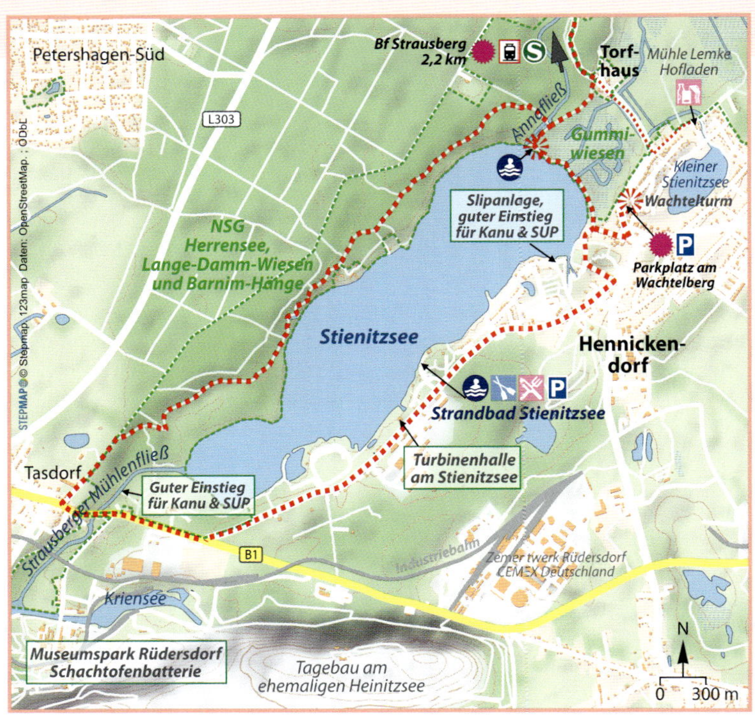

Hennickendorf, Gemeinde Rüdersdorf bei Berlin, Landkreis Märkisch-Oderland

Hennickendorf, Gemeinde Rüdersdorf bei Berlin, Landkreis Märkisch-Oderland

BÖTZSEE & FÄNGERSEE

Zwei Seen nahe Strausberg laden zu einer kleinen Zeitreise ein: DDR-Bungalows und eine stillgelegte Mühle liegen am Wegesrand. Außerdem: natürliche Badestellen.

In alten Ruderbooten kann man den vier Kilometer langen **Bötzsee** vom Wasser aus erkunden. Am **Ostufer** stehen aus DDR-Zeiten Bungalows in feinster Seeblicklage, am **Westufer** befinden sich viele kleine Badestellen.

Auch ein **Rundwanderweg** führt um den **Bötzsee**. Wir wandern bis zur **Siedlung Spitzmühle,** die sich zwischen dem Bötzsee und dem Fängersee befindet. Einst ein inselartiges Naherholungsgebiet, befindet sie sich heutzutage in einem Schwebezustand: Die ehemaligen Lokale sind geschlossen, Seegrundstücke werden renoviert und neu bebaut. Man kann nun am anderen Ufer weiter um den Bötzsee laufen oder zu einer weiteren geschlossenen Gaststätte mit besonderem Flair.

Auf manchen Wanderkarten ist die **Wesendahler Mühle** – eine der ältesten Wassermühlen Brandenburgs – am nördlichen Ende des **Fängersees** noch als Restaurant verzeichnet. Doch die glorreichen Zeiten der nicht mehr zugänglichen Mühle sind vorbei, sie strahlt die Atmosphäre eines Lost Place aus: Fenster eingeschlagen, Türen offen, die Mühle steht still. Als warte sie auf den nächsten neuen Besitzer, der den Biergarten wieder aufleben lässt. Die Wandernden, die sich kurz aus der Zeit gefallen fühlen, sind froh, Picknick mitgebracht zu haben.

Wer mit dem Fahrrad unterwegs ist oder noch genug Energie hat, dem sei ein Abstecher nach **Wesendahl** (4,6 km hin & zurück) zum **Hofladen Obstgut Müller** (Di-Fr 9-16, Sa+So 10-14 Uhr) empfohlen, um sich mit Obst aus ökologischem Anbau einzudecken oder selber zu pflücken.

43

BESTE ZEIT

Frühling, Sommer, Herbst.

START & ANREISE

Parkplatz Mittelstraße/ Ecke Altlandsberger Chaussee in 15345 Petershagen/Eggersdorf (52.556159, 13.828774). Seeschloss und Strandbad sind nur fünf Minuten Fußweg entfernt.

Oder auf der anderen Uferseite am Bötzsee im Ortsteil Postbruch (Am Walde 6, 15344 Strausberg).

ÖPNV: Mit der S5 zum S-Bahnhof *Strausberg* und von dort mit der Tram 89 zur Haltestelle *Schlagmühle*, etwa 20 Minuten Fußweg vom Ortsteil Postbruch entfernt, oder mit der Buslinie 932 Richtung Petershagen Nord bis *Eggersdorf (Strausberg), Mittelstr.*, wo sich das Strandbad befindet.

WOMIT BIN ICH UNTERWEGS

Zu Fuß oder mit dem Fahrrad.

LÄNGE & DAUER

Für die 15 Kilometer um den Bötz- und Fängersee braucht man etwa 3,5-4 Stunden. Ohne Fängerseerunde eine Stunde weniger.

WAS NEHME ICH MIT

Badesachen, Sonnen-/ Regen-/Mückenschutz und Picknick – alle ehemaligen Gaststätten in Spitzmühle oder Wesendahl sind geschlossen.

GUTES ESSEN

Auf dem Rückweg zur Tramhaltestelle *Schlagmühle* unbedingt in der *Schmorpost (Do-Sa ab 16 Uhr, So ab 12)* anhalten – untergebracht in der ehemaligen Wache auf dem Alten Postgelände. Es gibt leckeres Essen für Ausflügler, Anwohner und Besucher des Theaters daneben, die *Andere Welt Bühne*. altespostgelände.de/ gastronomie

GAMENGRUND

Geisterbäume ruhen still im Wasser, Lichtflecken wandern über moosbedeckte Böden und Blumen erscheinen wie Farbkleckse inmitten des Waldes; wagt man sich in das Wesendahl hinein, erlebt man eine anmutige Natur.

Wesendahl ist bekannt für seine Obstwiesen und fürs Selberpflücken, und weniger bekannt für seine verwunschene, überraschend wasserreiche Landschaft, die sich von der Wesendahler Mühle bis zum Gamensee zieht. Der zwölf Kilometer lange **Wanderweg** führt am **Kessel- und Paradiessee** vorbei, wo im Wasser stehende Bäume an grauen Tagen für eine gespenstische Stimmung sorgen können. Unbedingt bei den drei Hochsitzen nach rechts schauen – für den Anblick eines weiteren mystisch anmutenden Auwaldes.

Später auf dem Weg wachsen die Bäume lieblich aus dem Moos heraus, wir kommen vom Misch- in den Kiefernwald. Das Fahrrad heben wir hier und da über Baumstämme und Wurzeln, zu Fuß ist man leichter unterwegs. Fast vergisst man die Geräusche der Zivilisation, bis man auf die Bundesstraße 168 trifft. Dahinter wartet der **Gamensee** und weitere Seen, die alle Teil der glazialen Rinne des **Gamengrundes** sind .

Tiefensee, Wesendahl, Gemeinde Werneuchen, Landkreis Barnim

BESTE ZEIT

Im Frühjahr, wenn alles blüht; im Herbst, wenn sich die Blätter verfärben; im Sommer, um im Gamensee zu baden; im Winter, um die richtige Geisterstimmung zwischen den kahlen Bäumen zu erleben.

START & ANREISE

ÖPNV: Mit der RB nach *Werneuchen* und von dort eine halbe Stunde mit dem Rad zur Wesendahler Chaussee nahe des Kesselsees.

Oder vom *Bhf Werneuchen* mit der Buslinie 906 nach *Wegendorf* und dort weiter mit Bus 931 nach *Wesendahl*.

Zurück mit Buslinie 882 von *Tiefensee, Dorf* zum *Bhf Werneuchen*.

An der L 235 im Bereich des kleinen Grenzfließ Gamengrund gibt es am Straßenrand bescheidene Möglichkeiten, sein Fahrzeug abzustellen. (52.603823, 13.833084).

Einen kleinen Parkplatz gibt es südlich des Gamensees an der B 168. (52.659983, 13.845821).

WOMIT BIN ICH UNTERWEGS

Zu Fuß od. mit dem Rad.

LÄNGE & DAUER:

Die 10 Kilometer lange Wanderung *(Markierung: blauer Kreis / blauer Balken auf weißem Grund)* bis zum Country Camping Tiefensee dauert etwa zweieinhalb Stunden. Zum Bus jeweils + 1 km.

WAS NEHME ICH MIT

Festes Schuhwerk, Regen-/Sonnen-/Mückenschutz und Proviant.

EXTRA-TIPP

Man kann sich im hübschen *Wesendahl* noch gut die Beine vertreten und die *Feldsteinkirche* anschauen, dem *Camargue-Pferde-Hof* einen Besuch abstatten (camarguepferdehof.de) oder beim *Obstgut Müller* (Mo geschlossen) den Rucksack mit leckerem Obst aus ökologischem Anbau – selbstgepflückt oder aus dem Hofladen – und weiteren Köstlichkeiten regionaler Erzeuger auffüllen. obstgut-franz-mueller.de

Hofladen Bauer Nietsch Mi-So 9-17
Tiefensee, Dorf
Tiefensee
Mittelsee
Country Camping
Strand, Imbiss
Kuhberg 140
Gamensee
Dachsberg 133
B158
B168
LSG Gamengrund
Eichberg 132
Werneuchen 4,2 km
Hirschfelde
L23
Eichenbrandt
Grenzfließ Gamengrund
Schutzhütte
Fuchsberg 121
L230
Werneuchen 6,5 km
Hofladen Obstgut Müller
Paradiessee
Kesselsee
Gielsdorf
L235
Wesendahl
Wesendahler Chaussee
Wesendahl
Grenzfließ Gamengrund
Camargue-Pferde-Hof
Wesendahler Mühle
N
0 500 m
STEPMAP © Stepmap, 123map, Daten: OpenStreetMap, ODbL

GAMENSEE, MITTELSEE, LANGER SEE

Tiefe, glitzernde Seen liegen inmitten eines dichten, hügeligen Waldgebietes. Eine eiszeitliche Schmelzrinne hat eine ganz besondere Gegend hinterlassen. Drei Seen laden zum Baden und Wandern ein.

Der **Gamensee** ist das größte der 20 Gewässer, die sich in einer 30 Kilometer langen glazialen Rinne auf der Barnimhochfläche befinden. Er liegt in einer Reihe mit dem **Mittelsee** und **Langen See,** eingebettet in wunderschönes, hügeliges Waldgebiet und von wertvollen Buchenwäldern umgeben, die ihren besonderen Reiz im Frühling haben, wenn die zarten Buschwindröschen blühen.

Zwei Wege führen zum Ufer des **Gamensees**: Der eine vom **Dorf Tiefensee** über den Zeltplatz, bei dem anderen tauchen wir aus dem mystischen **Gamengrund** auf. Am schönsten lässt sich der See auf dem **Rundwanderweg** erkunden, von einer der kleinen Badebuchten oder per Boot, das man beim Country Camping mietet. Hat man das Glück, allein über den **Gamensee** zu paddeln oder nur seine eigenen Schwimmzüge zu hören, fühlt es sich an, als würde man sich durch ein Gemälde bewegen. Schilfgewächse und dickbuschige Bäume säumen sein Ufer, das Sonnenlicht funkelt auf der Wasseroberfläche.

Den mittlerweile sehr verwachsenen, aber im Winter klaren **Malerblick** bietet der nächste See der Dreierseenkette: der **Mittelsee** mit seinem dichten Schilfufer. Über Treppenstufen gelangt man hinauf zur Draisinenstrecke und wieder hinab zum **Langen See.** An dessem nördlichen Seezipfel befindet sich eine sandige Badestelle, die man auch gut von **Leuenberg** erreicht.

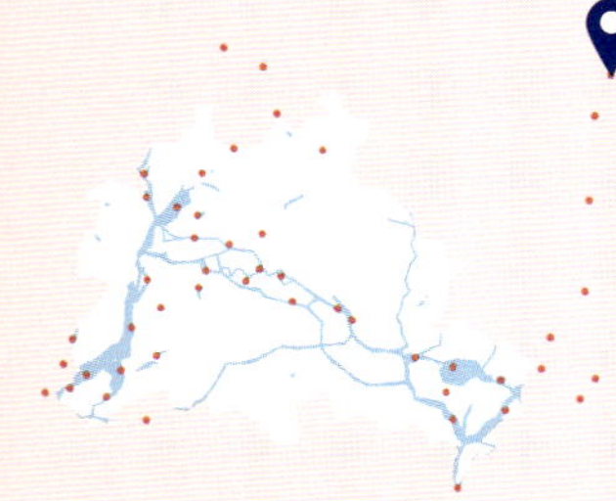

BESTE ZEIT

Im Sommer zum Schwimmen und um vor der Hitze in den schattigen Wald zu flüchten; im Herbst, um die Herbstbäume am Seeufer zu bestaunen.

START & ANREISE

ÖPNV: Die Buslinie 887 verkehrt zwischen Bahnhof *Werneuchen* und der Bushaltestelle Tiefensee, die sich einen Kilometer entfernt vom Strand des Country Camping befindet.

Dort gibt es auch einen kostenpflichtigen Parkplatz (52.680554, 13.850212).

Die Buslinie 887 fährt auch von *Leuenberg* zurück zum Bahnhof *Werneuchen*.

WOMIT BIN ICH UNTERWEGS

Zu Fuß oder mit dem Kanu/Ruderboot – zu mieten am Strandimbiss des Country Camping.

WAS NEHME ICH MIT

Festes Schuhwerk, Wechselkleidung, Regen-/Sonnen-/Mückenschutz, Proviant, Badesachen.

LÄNGE & DAUER

Sieben Kilometer in knapp zwei Stunden plus zwei weitere Kilometer zu den Bushaltestellen. Bade- und Pausenzeit noch dazurechnen.

GUTES ESSEN

Strandidyll (im Sommer) Bistro und Biergarten (Fr-So) auf dem *Country Camping Tiefensee* am Gamensee, wo man auch sein Zelt aufschlagen, im Strandfass oder in der Campinghütte schlafen kann. Neben dem Restaurant versteckt sich eine Sauna mit Seeblick. country-camping.de

Gebackenes gibt es seit 1860 bei der *Brot & Fein Bäckerei* an der Berliner Straße in Leuenberg.

EXTRA-TIPP

Die ehemaligen Bahngleise kann man mit *Draisinen* von Tiefensee Richtung Sternebeck befahren (Apr-Okt Mi-So). Ausflüge von drei bis neun Stunden mit Zwischenstopp am See sind möglich. draisinenbahn.de/draisinenbahn-tiefensee

BERLIN

WESTEN & SÜDWESTEN MIT UMLAND

Tour 46-65

TEUFELSSEE (BERLIN)

Ein toller Ort zum Entspannen und im Sommer ein beliebter Badeort ist der rund 250 Meter lange eiszeitliche See am Rande des Naturschutzgebietes Teufelsfenn.

Zwar geht es an heißen Tagen ganz schön rund, aber trotzdem sehr gelassen zu. Auf der zum malerischen See abfallenden Wiese tummeln sich dann in trauter Eintracht FKK-Anhänger und Bekleidete, genießen ihr Picknick oder ihre mitgebrachten Spielgeräte.

Schwimmer ziehen ihre Runden im schnell steil abfallenden See, der an seiner tiefsten Stelle an die sechs Meter misst, oder kraulen hinaus zum **Bade-Ponton.** Gebremst werden sie nur von den Schwimmbojen, die den Beginn des **Naturschutzgebietes** markieren.

Außer der DLRG-Station, einem WC-Container, dem an heißen Tagen aufkreuzenden **Eis- und Getränkewagen** und dem nahen **Ökowerk Bistro** gibt es keine Infrastruktur am See.

ANREISE

ÖPNV: Von der S-Bahn *Grunewald* sind es etwa 35 Min. Fußweg (2,4 km) zum See.

Wer mit dem Auto anreist, nutzt am besten die beiden *Parkplätze Teufelsberg* am Ende der Teufelsseechaussee (52.492858, 13.237284).

WAS NEHME ICH MIT

Badesachen, Sonnen-/ Mückenschutz, Picknick.

GUTES ESSEN

Im *Bistro des* nahen *Ökowerk* bekommt man Fr-So 12-18 Uhr einfache Gerichte wie Tagessuppe, Wiener, herzhafte Snacks, Kuchen, Getränke und Eis – alles in Bioqualität. oekowerk.de

EXTRA-TIPP

Die Wege im Grunewald laden zu schier endlosen Spaziergängen ein.

Zum Beispiel zum rund 30 Minuten entfernten *Friedhof Grunewald (Forst)*. Im Volksmund „Selbstmörderfriedhof" genannt, liegen hier neben verschuldeten Spekulanten und schwangeren Dienstmädchen auch die geniale Pop-Ikone *Nico* begraben. Die lange Zeit heroinabhängige Sängerin von „Velvet Underground" hatte Affären mit Jim Morrison, Lou Reed und Brian Jones von den Rolling Stones.

Nordöstlich des Sees liegt der *Teufelsberg,* aus Schutt und Trümmern des Zweiten Weltkrieges aufgeschüttet. Einst stand hier eine US-amerikanische Abhörstation, von der heute nur noch Ruinen übrig sind – einer der beliebtesten *Lost Places* der Stadt. Außerdem hat man einen tollen Blick über Berlin und kann eine *Street-Art-Galerie* mit Werken von Künstlern aus aller Welt bewundern. teufelsberg-berlin.de

HAVELCHAUSSEE – ENTLANG DES GRUNEWALDS

Zwischen Grunewald und Havel haben sich die besten Flussbadestellen versteckt. Die Havelchaussee verbindet Wassereinstiege und Ausblicke – auch vom Wasser aus spektakulär!

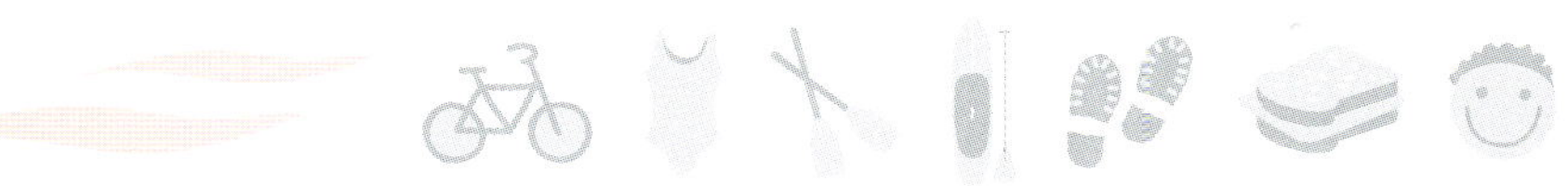

Rennradler lieben die hügelige und kurvige **Havelchaussee**, wo Autos nur 30 Kilometer pro Stunde fahren dürfen und oft gegenüber den Zweiradlern in der Minderheit sind.

Auch Badefreunde können sich aufs Rad schwingen und auf dem **Uferweg** entlang der Havel von einer Badestelle zur nächsten radeln.

Von der **Badestelle Schildhorn** schaut man hinüber auf Pichelswerder und von der **Badestelle Kuhhorn** auf das schon nähere Havelufer. Ein kurzer, steiler Aufstieg führt zum **Grunewaldturm,** wo man einen sagenhaften Rundumblick über die Havel und seine umliegenden Wälder hat. Danach einfach rollen lassen und am Ende des Hügels rechts einbiegen, wo sich mehrere Sandstellen in der **Lieper Bucht** befinden.

An Wochenenden kommt gelegentlich der schwimmende **Havel-Kiosk** mit Bratwürsten vorbei, der sich an den ankernden Booten vorbeischlängelt und Bootskapitäne sowie Strandbadende bedient.

Sind all die Strände schon mit zu vielen Badehandtüchern belegt, kann man es noch an der **Badestelle Große Steinlanke** versuchen, bevor man sich parallel zur A 115 (Avus, alte Berliner Auto-Rennstrecke) auf dem **Kronprinzessinnenweg** neben Inline-Fahrern und Rennradlern wieder nach Berlin begibt.

Wilhelmstadt
Havel-Logen
Berlin Piratas
Der Bootsladen
Café Klein-Venedig
Westend
Heerstr.
Pichelsdorf
Scharfe Lanke
Havel
Pichelswerder
Stößensee
Heerstraße
Pichelsberg
Havelhöhenweg
Havelchaussee
Am Postfenn
Drachenberg 99
Teufelsberg 120
Messe Süd
Badestelle Schildhorn
Jürgenlanke
Alte Liebe
NSG
Jaczo-Denkmal
Havelhöhenweg
Friedhof Grunewald (Forst)
Teufelssee
Halensee
Badestelle Kuhhorn
Dachsberg 61
Grunewald
Gatow
Havel
Grunewald
Dianasee
Avus
Badestelle Grunewaldturm
Waldhaus an der Havelchaussee
Hundekehlesee
NSG
Grunewald
A115
Grunewaldturm
Karlsberg 79
Parkplatz am Grunewaldturm
Berg Hohengatow 71
Hohengatow
Havelhöhenweg
Königsweg
Grunewaldsee
Badestelle Lieper Bucht
Lindwerder
Hüttenweg
Lindwerder
Havelberg 97
Kladow
Havel
Nikolassee
Havelhöhenweg
Dahlem
Badestelle Große Steinlanke
Großes Fenster Parkplatz
Badestelle Große Steinlanke
Kronprinzessinnenweg
Krumme Lanke
Schwanenwerder
Havelchaussee
Zehlendorf
Strandbad Wannsee
Havelhöhenweg
Schlachtensee
Waldsee
Schlachtensee
Wannseebadweg
Kronprinzessinnenweg
B1
B2
Großer Wannsee
Nikolassee
N
0
500 m
STEPMAP © Stepmap, 123map, Daten: OpenStreetMap, ODbL

BESTE ZEIT

Im Sommer. Im Winter hat man durch die kahlen Bäume hindurch allerdings einen besseren Blick auf die Havel.

Die Havelchaussee wird auch mit Autos befahren, jedoch nur mit Tempo 30.

ANREISE

ÖPNV: Die Buslinie 218 (Ausflugslinie) fährt ab *Messegelände ZOB* bzw. S-Bahnhof *Heerstraße* die ganze Havelchaussee entlang bis zum S-Bahnhof *Wannsee* und weiter zur Haltestelle *Pfaueninsel*. Man kann jederzeit an den Badestellen oder am Grunewaldturm ein- und aussteigen.

Entlang der Havelchaussee darf man nicht parken, es gibt aber hier und da *Parkplätze,* wie z.B. am *Grunewaldturm,* an der *Lieper Bucht* (von wo die Fähre auf Klingelzeichen nach Lindwerder fährt) oder an der *Großen Steinlanke.*

WOMIT BIN ICH UNTERWEGS

Mit dem Fahrrad oder Kanu, SUP, Boot, Floß.

LÄNGE & DAUER

22 Kilometer mit dem Rad – die Runde kommt aber wegen der Aufs und Abs sportlich daher.

TIPP: Bevor es auf den Radweg parallel zur A 115 (Avus) geht, kann man auch unter der Autobahn hindurch zum Schlachtensee abbiegen.

WAS NEHME ICH MIT

Badesachen, Sonnen-/Regen-/Mückenschutz, Fahrrad-Reparatur-Set.

Paddler haben auch Wechselkleidung (wasserdicht verpackt) dabei.

GUTES ESSEN

Meeresfrüchte im *Restaurantschiff Alte Liebe.* alte-liebe-berlin.de

Frisch gezapftes Bier und bürgerliche, mediterran angehauchte Küche gibt es Do-So 12-22 auf der *Insel Lindwerder.* lindwerder.de

EXTRA-TIPP

Zu Fuß lässt sich der Fluss herrlich auf dem 10 Kilometer langen *Havelhöhenweg* erkunden, der am Steilufer der Havel von der Heerstraße (S-Bahn *Pichelsberg)* bis zum Strandbad Wannsee (S-Bahn *Nikolassee*) verläuft. Gespickt mit viele Treppen, ist er auch ein gutes Training.

Wer aufs Wasser möchte, wird hier fündig:

Berlin Piratas (Kanu, SUP & Floß) und am besten hinterher Pommes oder Currywurst in der *Waldschänke am Stößensee* (s. Seite 38). berlin-piratas.de

Der Bootsladen vermietet Kanus & SUPs und im Garten im *Café Klein-Venedig* gibt es wirklich tollen leckeren Kuchen (siehe auch Seite 38). der-bootsladen.de

Havel-Logen – E-Flöße, SUPs, Wasserfahrräder und den chilligen Havel-Beach. havel-logen.de

Einen Steinwurf von der Badestelle Schildhorn entfernt erinnert das *Jaczo-Denkmal* an den Wendenfürsten Jaczo, der an dieser Stelle auf der Flucht vor Albrecht dem Bären die Havel durchschwommen haben soll. Nach einem Entwurf von Friedrich August Stüler ließ es 1845 König Friedrich Wilhelm IV. aus schlesischem Sandstein errichten.

GRUNEWALDSEENKETTE

Ein guter Deal: Ein See für die Hunde und die anderen zwei für uns Menschen zum Schwimmen, SUPen und Fahrradfahren oder Wandern mitten im Grunewald.

Drei Seen schlängeln sich durch Westberlins großen Stadtwald, die sich einzeln oder in einer Reihe erkunden lassen.

Am **Schlachtensee** sonnt und schwimmt **Zehlendorf** und all diejenigen, die mit der S-Bahn oder der U-Bahn aus der Stadt herauskommen. An der **Fischerhütte** lässt man sich Currywurst und Forellen mit Seeblick schmecken, und mietet sich danach SUPs aus, um die ganze Seelänge von zwei Kilometern entlangzupaddeln. Am Schlachtensee und an der **Krummen Lanke** gibt es viele kleine, schattige Badestellen, Handtücher breitet man zwischen Baumwurzeln aus, Bikini und Badehose hängen zum Trocknen an den Ästen und die Sonne scheint besonders schön durch die Blätter hindurch.

Der nördlich gelegene **Grunewaldsee** ist der **Badesee der Hunde.** Über das glitzernde Wasser hört man sie bellen und beim Anblick des **Jagdschlosses** aus dem Jahr 1542 ahnt man, dass es so ähnlich schon früher hier geklungen hat, als es noch keine Waldwege und Leinen gab.

BESTE ZEIT

Sommer. Wer kann, meidet die Wochenenden.

START & ANREISE

ÖPNV: Vom U-Bahnhof *Krumme Lanke* sind es 10 Minuten Fußweg zur Krummen Lanke rechterhand und zum Schlachtensee linkerhand.

Der S-Bahnhof *Schlachtensee* liegt mittig direkt am gleichnamigen See.

Parkplätze gibt es am Schlachtensee an der Fischerhütte (Fischerhüttenweg, 14163 Berlin) und am südlichen Zipfel des Grunewaldsees (Paulsborn 2, 14193 Berlin).

WOMIT BIN ICH UNTERWEGS

Zu Fuß oder mit dem Rad.

WAS NEHME ICH MIT

Badesachen, Sonnen-/Regen-/Mückenschutz, ggf. Proviant.

GUTES ESSEN

Im großen Biergarten des historischen Gasthauses *Fischerhütte* kann man herrlich Gegrilltes verspeisen, ein Bierchen trinken und dabei Leute beobachten. Mangels Alternativen muss man sich allerdings mit den Warteschlangen und den Preisen arrangieren – aber dafür sitzt man fast nirgendwo schöner.
fischerhuette-berlin.de

EXTRA-TIPP

Das *Haus am Waldsee* zeigt spannende Ausstellungen internationaler, zeitgenössischer Kunst und befindet sich gegenüber der U-Bahn *Krumme Lanke*, sozusagen auf dem Weg zu den Seen.
hausamwaldsee.de

Jagdschloss Grunewald – Berlins ältester Schlossbau von 1542/1543 am Ufer des Grunewaldsees beherbergt zahlreiche Cranach-Gemälde.
www.spsg.de >Schlösser & Gärten >Grunewald

Unweit des Grunewaldsees locken noch gleich zwei Museen nebeneinander in ihre Ausstellungen:

Das Kunsthaus Dahlem widmet sich im ehemaligen Atelier von Arno Breker der Kunst der deutschen Nachkriegsmoderne, mit einem Schwerpunkt auf Skulpturen.
kunsthaus-dahlem.de

Das *Brücke-Museum* besitzt die weltweit größte zusammenhängende Sammlung von Werken der expressionistischen Künstlergruppe Brücke.
bruecke-museum.de

NSG Hundekehlefenn
Grunewald
Grunewaldsee
NSG Grunewaldsee (südl. Teil)
Brücke-Museum
Hüttenweg
Grunewald
Havelberg 97
Parkplatz am Grunewaldsee
Jagdschloss Grunewald
Kunsthaus Dahlem
A115
Nikolassee
NSG Langes Luch/ Dachsheide
Fenngraben
Dahlem
NSG Riemeisterfenn
Clayallee
Krumme Lanke
Fischerhütte
Badestelle Krumme Lanke
Stand Up Paddling Berlin Schlachtensee
Argentinische Allee
Onkel Toms Hütte
Oskar-Helene-Heim
kleine Badebuchten
Wolfsschlucht-kanal
Zehlendorf
Machnower Straße
Schlachtensee
Krumme Lanke
Wald-see
Liegewiese Schlachtensee
Haus am Waldsee
Schlachtensee
große Liegewiese Schlachtensee
Schlachtensee
Mexikoplatz
Potsdamer Straße
B1
N
0 300 m
STEPMAP © Stepmap, 123map Daten: OpenStreetMap, ODbL

STRANDBAD WANNSEE

Das europaweit größte Binnensee-Bad mit 1.275 Meter langem und 80 Meter breitem Sandstrand ist nicht nur beliebtes Sommerausflugsziel, sondern auch eine bemerkenswerte Berliner Sehenswürdigkeit und Beispiel moderner Freizeitarchitektur.

Im **Strandbad Wannsee** konnte man schon immer mit Kind und Kegel den ganzen Tag am breiten Sandstrand verbringen, ohne bis zur Ostsee fahren zu müssen. Der Clou: Am Ostufer des **Großen Wannsees** befindet sich allerhand Ostseesand, nämlich vom Timmendorfer Strand nahe Lübeck.

1929 wurde das **Strandbadgebäude** im Stil der Neuen Sachlichkeit gebaut – mit Umkleidekabinen und einer überdachten Promenade.

Noch immer ist das mittlerweile über 100-jährige Strandbad perfektes Ausflugsziel für Familien. Der flache Einstieg ist sehr kinderfreundlich, zum Schwimmen muss man eine Weile durchs Wasser waten. Am **Strandkiosk** gibt es Eis und mehr, eine **Rutsche** verspricht einen schnelleren Einstieg ins Wasser und Schatten findet man unter den Trauerweiden oder in den **Strandkörben** – wirklich, als wäre man an der Ostsee.

BESTE ZEIT

Zum Baden von April bis einschließlich September, zum Saunieren im Oktober.

Karfreitag ist traditioneller Anbadetag.

ANREISE

ÖPNV: Vom S-Bahnhof *Nikolassee* läuft man einen Kilometer zum Strandbad.

Dort gibt es auch kostenpflichtige Parkplätze: Wannseebadweg 25, 14129 Berlin.

WAS NEHME ICH MIT

Badesachen, Sonnenschutz, Picknick.

EXTRA-TIPP

Im April und Oktober hat die Strandsauna geöffnet: In einer Fass-Sauna schwitzt man bei 85 °C bis 95 °C und kühlt sich danach im herbstlich frischen Wannsee ab.

KLEINER WANNSEE

Die Havel ist so schillernd, dass man den Kleinen Wannsee und seine nachfolgenden Seen fast übersehen könnte – zu Unrecht. Hier erzählen Dichter und Schwalben ihre Geschichten.

Gleich zu Beginn stößt man auf das **Grabmal** des Dichters **Heinrich von Kleist** und seiner Freundin Henriette Vogel. Der Dichter mochte die Gegend sehr gern – so gern, dass er sie 1811 als Ort zum Sterben auswählte. Der Hügel, auf dem der Grabstein der beiden steht, ist mit Efeu berankt, die Wanderung beginnt melancholisch.

Folgen wir den Pflastersteinen der **Bismarckstraße,** fängt uns auf diesem Spaziergang die Natur wieder auf. Hier sind keine großen Ausflugsboote wie auf dem Großen Wannsee unterwegs, nur einzelne kleine Boote und Paddler bahnen sich ihren Weg Richtung Westen – vom **Kleinen Wannsee** zum **Pohlesee** und weiter zum **Stölpchensee.** Verwurzelte **Badestellen** locken zum Eintauchen ins Wasser.

Den wunderbaren **Waldpfad** verlassen wir erst in **Kohlhasenbrück** bei der **Böckmannsbrücke** und begeben uns zum **S-Bahnhof Griebnitzsee** in **Potsdam-Babelsberg,** lauschen den Rauchschwalben in der Eingangshalle, die in den Eisenträgern an der Decke ihre Nester bauen, und nehmen die S7 zurück Richtung Berlin.

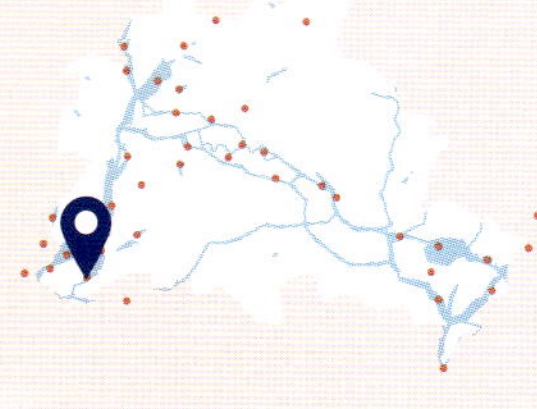

BESTE ZEIT

Im Sommer zum Paddeln, Frühling & Herbst zum Spazierengehen.

START & ANREISE

ÖPNV: **Hinweg:** S7 zum S-Bahnhof *Wannsee.*

Rückweg: S7 vom S-Bahnhof *Griebnitzsee.*

Parken kann man in der Bismarckstraße.

WOMIT BIN ICH UNTERWEGS

Zu Fuß oder mit Kanu. Kanus mietet man bei:

Potsdam per Pedales im Bahnhof Griebnitzsee. potsdam-per-pedales.de >verleih >Verleihstation-Bahnhof Griebnitzsee

Begleitete Touren macht *Faszination Kanu* beim Wannseeforum am Pohlesee. faszination-kanu.de

Kajaks bekommt man auch am Großen Wannsee beim *Bootshaus Waller,* nur 500 Meter vom Kleinen Wannsee. bootshaus-waller.de

LÄNGE & DAUER

6 Kilometer, etwa anderthalb Stunden zu Fuß.

GUTES ESSEN

Polnische Leckereien gibt's im *PieroGo Grill & Biergarten.* pierogo.info

Schön sitzt man im Biergarten der *Söhnel Werft.* soehnel-berlin.de

Gern verbummelt man die Wartezeit auf die nächste S-Bahn mit einem vorzüglichen Kaffee bei *Buena Vida Café.* buenavidacoffee.de

EXTRA-TIPP

Abstecher auf den über 100 Jahre alten Hof *Mutter Fourage* – im *Hofcafé* bis 14 Uhr frühstücken, Lunch, Torten, saisonale Gerichte mit vielen frischen Kräutern sowie schöne Pflanzen und Terrakotten. Regionale Lebensmittel und originelle Geschenkideen im zugehörigen Hofladen *Feine Kost.* hofcafe-berlin.de & feinekost-berlin.de

Für eine größere Portion Wald und See verlängert man die Tour durch den *Düppeler Forst* über den *Moritzberg*, an den Badestellen des Griebnitzsees vorbei zur *Glienicker Brücke,* wo ein Bus zurück zum *Bhf Wannsee* fährt.

Touren fürs Stand Up Paddling gibt es im SUP-GUIDE "Berlin & Umland" SUP-Guide.de

Bootshaus Waller
Großer Wannsee
Bf Wannsee
Westlicher Düppeler Forst
PieroGo Grill
Mutter Fourage
Schäferberg 103
B1
Königstraße
Wannsee-brücke
Kleiner Wannsee
Faszination Kanu
Bismarckstraße
Kleist-denkmal
Wannsee
Golfplatz
Nikolas-see
Pohlesee
Stölpchen-see
Golfplatz
Düppeler Forst
Berlin Brandenburg
Glienicker Brücke 3 km
Düppeler Forst
Griebnitzkanal
NSG
Dreilinden
Moritzberg 95
Söhnel Werft Biergarten
NSG
Böckmanns-brücke
Kohlhasen-brück
Teltowkanal
Griebnitzsee
Berlin Brandenburg
Albrechts Teerofen
Buena Vida Coffee Roasters
Bf Griebnitz-see
Potsdam per Pedales
A115
N
Babelsberg
Steinstücken
0 300 m
STEPMAP © Stepmap. 123map Daten: OpenStreetMap, ODbL

Heinrich von Kleist
Henriette Vogel

MACHNOWER SEE

Kleinmachnow schmückt sich nicht nur mit hübschen Villen, sondern auch mit einem eigenen Haussee samt Schleuse.

Der Stolz der Kleinmachnower ist die eindrucksvolle **Schleuse des Teltowkanals.** 1906 eröffnete Kaiser Wilhelm II. die Doppelschleuse, 1939 musste wegen des zunehmenden Schiffsverkehrs noch eine dritte Schleusenkammer gebaut werden. Sogar mit der Tram konnte man eine Weile von Berlin-Mitte anreisen. Heute steht die Linie 96 als **Straßenbahn-Oldtimer 3587** fotogen neben der Schleuse und beherbergt ein kleines Museum.

Der **Machnower See** lädt zu einem schönen **Spaziergang** ein. Das Baden lässt man besser sein oder hält sich nah am Ufer, damit man nicht von der Strömung oder den Schiffen des Teltowkanals überrascht wird. Am **Nordufer** laufen wir durch alte Buchenwälder. Oberhalb des Ufers befindet sich die Neue Hakeburg, ein burgähnliches Herrenhaus aus dem Jahr 1908, das nun saniert und in Wohnungen gewandelt wird. Am **Südufer** erstreckt sich das **Naturschutzgebiet Bäketal**, ein Überbleibsel des einstigen Bäke-Baches, der mehr oder weniger in dem Anfang des 19. Jahrhunderts gebauten Teltowkanal verschwand und nur noch hier ein natürliches Eigenleben führt.

Auf der **Allee am Forsthaus** kommt man zum **alten Dorfkern** samt **Dorfkirche** und **Ruine Alte Hakeburg.** Läuft man weiter über die pflastersteinigen Straßen von **Kleinmachnow**, kann man die Einfamilienhäuser aus der Zeit vor den Weltkriegen bewundern. Östlich des Zehlendorfer Damms befindet sich die **Villenkolonie**, die damals den Villen am Wannsee oder in Zehlendorf nacheiferte.

BESTE ZEIT
Zu allen Jahreszeiten.

START & ANREISE
Kleinmachnow lässt sich gut mit dem Bus erreichen, z.B. mit der Buslinie 620 vom *Bhf Wannsee,* oder mit X1 von *Potsdam Hbf* oder *Teltow Stadt.*

Schöner noch, man fährt mit dem Fahrrad vom *Bhf Wannsee* 5,5 km über Dreilinden durch den *Düppeler Forst* nach Kleinmachnow.

Parken kann man z.B. auf dem Parkplatz an der Schleuse.

WOMIT BIN ICH UNTERWEGS
Zu Fuß oder mit Rad.

LÄNGE & DAUER
Ein entspannter, ein- bis zweistündiger Spaziergang.

GUTES ESSEN
Das denkmalgeschützte Gasthaus zur Schleuse hatte schon 1906 besondere Gäste wie Kaiser Wilhelm II. zu Besuch. Heute ist hier das *BAPU Restaurant* – stilvoll mit indischem Charme in warmen Tönen eingerichet und man kann authentisch Indisch essen.
bapu-restaurant.de

EXTRA-TIPP
Wer mit dem Rad unterwegs ist, fährt über Stahnsdorf entlang des *Fontaneweg F5* zum *Güterfelder Haussee,* dessen Badestelle ein beliebter Anlaufpunkt für Wanderer und Radfahrer ist.

Im Frühling (ca. Mitte April) sollte man dem *Mauerradweg* am ehemaligen Grenzstreifen zwischen Teltow und dem Berliner Stadtteil Lichterfelde gen Osten folgen, wo eine rosafarbene Blütenpracht die 2 Kilometer lange *Kirschblütenallee* schmückt – das Geschenk eines japanischen Fernsehsenders zur Wiedervereinigung.

DIS IST MEIN
ZV MIR

PFAUENINSEL

Ein kleiner Fluchtort ist diese Insel am Rande Berlins, um sich woanders hinzuträumen: Beim Spaziergang begegnet man Pfauen, die ihre farbenprächtigen Räder schlagen und dann hinter alten Bäumen verschwinden. Man stellt sich vor, wie einst die Königsfamilie hier lebte.

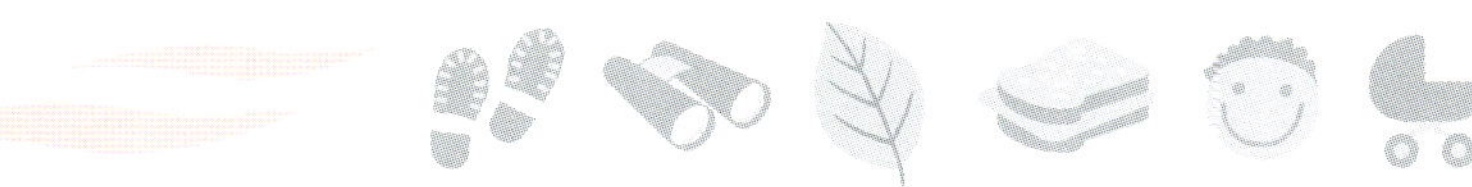

Einer Sehnsucht entsprang die Gestaltung der **Pfaueninsel** Ende des 18. Jahrhunderts. König Friedrich Wilhelm II. und seine Mätresse hatten von den Südseeinseln gehört und träumten von exotischen Pflanzen und Tieren. So entstanden auf der **Havelinsel** das **Schloss**, das **Palmenhaus** und ein Zuhause für Kängurus, Löwen, Lamas und Pfauen. Nur die Vögel mit ihren prächtigen Fächern sind geblieben, die anderen wurden in den Berliner Zoo umgesiedelt. Aber **Wasserbüffel** leben heutzutage auf der Insel.

Zwischen alten Eichen kann man auf der auto- und fahrradfreien, **naturgeschützten Insel** wunderschön **spazieren gehen.** Los geht es an der Fähre, vorbei am Schloss und auf dem **nördlichen Uferweg** zur **Meierei** und dem **Büffelteich.**

Im **Pfauengehege** und auf den Wiesen stolzieren Pfaue mit weißem, braunem und blau schillerndem Gefieder. Auf der **Liegewiese** unweit der **Voliere** isst man Kuchen oder andere kleine Mahlzeiten und beobachtet dabei die männlichen Vögel, die ihre Räder schlagen. Da sie weder fliegen noch schwimmen können, ist die Insel das ideale Habitat, um sie in freier Natur auf einem Fleck zu halten. Das wussten schon die preußischen Könige.

BESTE ZEIT
Frühling und Herbst. Auf der Insel darf man nicht baden.

START & ANREISE
ÖPNV: Die Buslinie 218 fährt vom *Bahnhof Wannsee* direkt zur Haltestelle *Pfaueninsel*. Von dort geht es mit der *Fähre* auf die Insel.

Parkplätze gibt es kurz vor der Fähre: Nikolskoer Weg 25, 14109 Berlin.

Man kommt auch von Wannsee durch den Westlichen Düppeler Forst zu Fuß oder mit dem Fahrrad zur Inselfähre.

WOMIT BIN ICH UNTERWEGS
Zu Fuß. Fahrräder sind nicht erlaubt.

DAUER
Für die Umrundung der Insel (4 km) sollte man sich gut ein bis zwei Stunden Zeit nehmen.

WAS NEHME ICH MIT
Regen-/Sonnenschutz, Kamera für Pfauenfotos – doch bitte nicht zu nah rangehen.

GUTES ESSEN
Im *Kaffeegarten* auf der Liegewiese gibt es Bratwürste und große Kuchenstücke. kaffeegarten-pfaueninsel.eatbu.com

EXTRA-TIPP
Gegenüber der Insel kann man an der *Badestelle Pfaueninsel* abschalten und die Seele baumeln lassen.

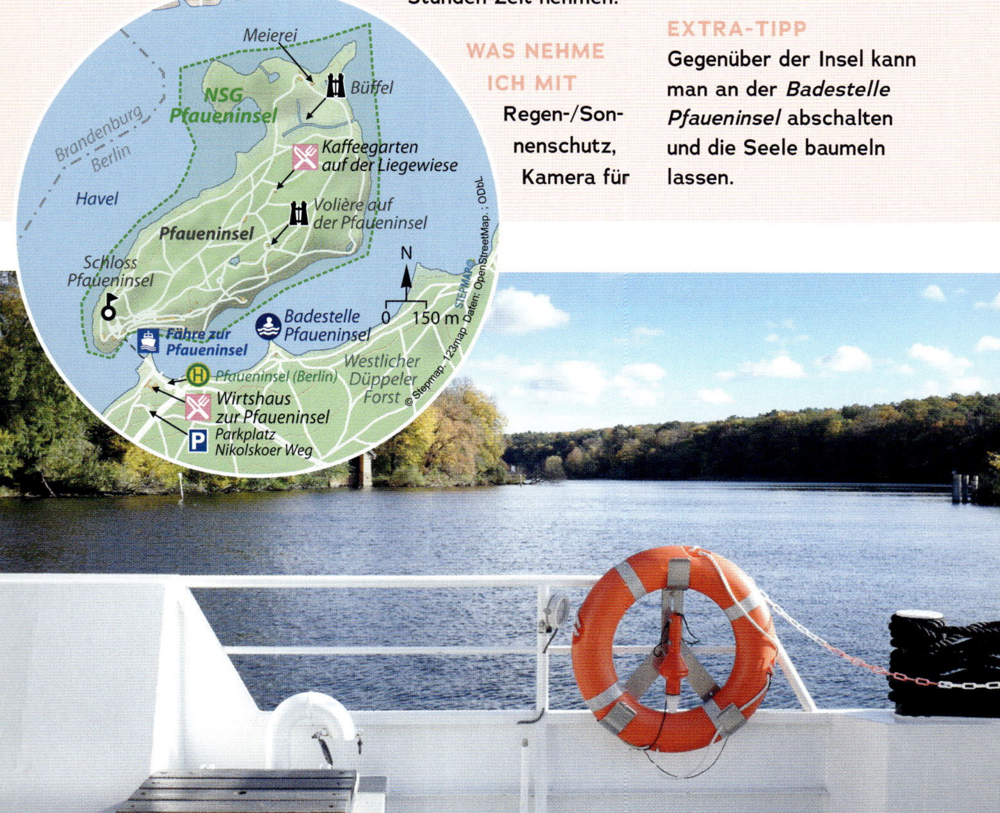

WANNSEE-BABELSBERG-RUNDE

Zwischen Wannsee und Glienicker Brücke fließt die Havel durch historische, künstlerische und naturreiche Orte. Ein Spaziergang zwischen Villen und Wald, zwischen Ost und West.

Den besten ersten Ausblick gibt es bereits nach wenigen Schritten, sobald man aus der S-Bahn gestiegen ist und den Kronprinzessinenweg quert: Vor uns liegt der berühmte **Wannsee,** der in Liedern besungen wird, in Gemälden verewigt und schon immer eine mondäne Adresse für die Besserverdiener war. Alle anderen kommen für einen Tagesausflug und packen die Badehose ein.

Entlang der Straße **Am Großen Wannsee** gehört die erste Reihe am Wasser den Wassersportvereinen und Villen. Wir schauen auf Spitztürme und Segelboote auf dem Trockenen. Einen Blick auf den See erlaubt erst die **Liebermann-Villa,** das ehemalige Sommerhaus des Malers Max Liebermann, heute Museum und Künstlergarten. Bald erreicht man das **Haus der Wannsee-Konferenz,** ein beeindruckender und bedrückender Ort, an dem die Nationalsozialisten die Vernichtung der Juden planten.

Nach dem **Flensburger Löwen** folgt man der **Uferpromenade** durch den **Westlichen Düppeler Forst**, vorbei an der Badestellen *Alter Hof* und *Pfaueninsel* sowie der Fähre zur Pfaueninsel und dem historischen **Wirtshaus Moorlake,** seit über 100 Jahren beliebtes Ausflugslokal mit Biergarten, bis zum **Krughorn,** wo man einen tollen Blick auf die Sacrower Heilandskirche hat. Dort drüben ist Potsdam, dort ist Brandenburg.

Der Spaziergang findet auf Berliner Boden statt. Über die heute unscheinbare Grenze tritt man erst auf der **Glienicker Brücke** und versucht sich vorzustellen, wie sie vier Jahrzehnte Ost und West teilte und Schauplatz der spektakulären Agentenaustauschaktionen zwischen der Sowjetunion und den USA war.

ADLER 4
DLRG

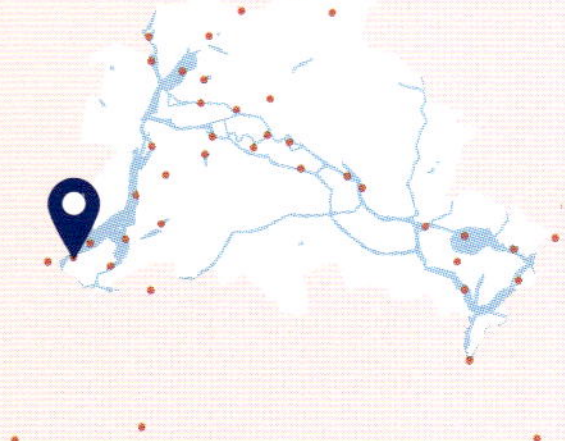

BESTE ZEIT

Das ganze Jahr über.

ANREISE

ÖPNV: Hinweg – Mit S7 zum S-Bahnhof *Wannsee.*

Dort gibt es auch einen großen Parkplatz (Kronprinzessinnenweg 252, 14109 Berlin).

Rückweg – Von der *Glienicker Brücke* fährt die Buslinie 316 zurück nach Wannsee.

Parkplatz Schloss u. Park Babelsberg (Allee nach Glienicke/Lankestr., 14482 Potsdam).

WOMIT BIN ICH UNTERWEGS

Zu Fuß.

LÄNGE & DAUER

Die zehn Kilometer (Bhf Wannsee bis zur Glienicker Brücke) kann man in gut zweieinhalb Stunden laufen.

GUTES ESSEN

Obwohl die Tour größtenteils durch Wald führt, braucht man keinen Proviant mitzunehmen. Die Ausflugslokale *Wirtshaus zur Pfaueninsel* (pfaueninsel.de), *Blockhaus Nikolskoe* (blockhaus-nikolskoe.de) und das *Wirtshaus Moorlake* (moorlake.de) servieren deftige Gerichte und süße Torten – Havelblick inklusive.

Auf der Potsdamer Seite der Glienicker Brücke lohnt sich das *Museumscafé* auf der großen Wiese der *Villa Schöningen.* villa-schoeningen.de

Hübsch einkehren kann man auch im *Wartmanns Café* in Klein Glienicke. wartmanns.de

EXTRA-TIPP

Die Runde lässt sich genauso grün und aussichtsreich mit dem *Park Babelsberg* erweitern. Die Natur ist hier ein bisschen aufgeräumter, aber genauso schön. Überall sind Wiesen für Picknickdecken und Bänke zum Pausieren. 1833 beauftragte Kaiser Wilhelm I. die Parkanlage, und natürlich hatte Peter Joseph Lenné bei der Gestaltung wieder den Pinsel in der Hand.

Vom schönen *Stadtbad Park Babelsberg* blickt man auf die Potsdamer Schiffbauergasse hinüber, eine noch bessere Aussicht hat man von der Anhöhe des *Flatowturms.*

RADRUNDE

Für eine schöne, knapp 20 km lange Rad-Ausflugsrunde fährt man nach den 10 Kilometern (von Wannsee zur Glienicker Brücke) über *Klein Glienicke* zum *Park Babelsberg* (siehe Extra-Tipp) und entlang des *Griebnitzsees*, des *Stölpchensees, Pohlesees*, und *Kleinen Wannsees* links- oder rechtsufrig zurück zum S-Bahnhof *Wannsee.*

Nicht versäumen: Zwischen Babelsberger Park und Bahnhof Griebnitzsee entdeckt man in der *Karl-Marx-Straße* und *Virchowstraße,* mit der *Villenkolonie Neubabelsberg* ein Stück spannende Geschichte: Filmgrößen wie Marlene Dietrich, Marika Rökk, Hans Albers oder Heinz Rühmann lebten, namhafte Architekten wie Mies van der Rohe bauten und 1945 logierten hier während der Potsdamer Konferenz die Staatschefs der USA, Englands und der Sowjetunion. Der amerikanische Präsident Harry S. Truman soll aus der *Truman-Villa* – Karl-Marx-Str. 2 – gar die Atombomben gen Hiroshima und Nagasaki befehligt haben.

Königswald
Zedlitzberg 66
Sacrower See
Fuchsberge 65
Kälberwerder
Havel
Nikolassee
NSG Sacrower See und Königswald
Potsdam Nord
Brandenburg
Berlin
NSG
Pfaueninsel
Badestelle Alter Hof
Badestelle Heckeshorn
Flensburger Löwe
Badestelle Pfaueninsel
Haus der Wannsee-Konferenz
Schwarzer Berg 51
Sacrow
Sacrower Lanke
Großer Wannsee
Liebermann-Villa
Heilandskirche
Wirtshaus zur Pfaueninsel
Am Großen Wannsee
PieroGo
Krughorn
Blockhaus Nikolskoe
Jungfernsee
Westlicher Düppeler Forst
Wannsee
Wannsee-brücke
Kronprinzessinnenweg
Wirtshaus Moorlake
Schloss Glienicke & Schlossgarten
Glienicker Park
Schäferberg 103
Königstraße
Wannsee
Glienicker Brücke
Glienicker Lake (Berlin)
B1
Mutter Fourage
Kleiner Wannsee
Villa Schöningen
Potsdam
Glienicker See
Klein Glienicke
Schweizer Häuser von 1867
Wartmanns Café
Pohlesee
Düppel
Schloss Babelsberg
Parkplatz Schloss u. Park Babelsberg
Stölpchensee
Tiefer See
Park Babelsberg
Söhnel Werft Biergarten
Berlin
Brandenburg
Babelsberg 77
Moritzberg 95
NSG
Stadtbad Park Babelsberg
Flatowturm
Villenkolonie Neubabelsberg
Virchowstr.
Karl-Marx-Str.
Griebnitzsee
NSG
Düppeler Forst
Teltowkanal
Babelsberg
Griebnitzsee
N
A115
0
500 m
STEPMAP © Stepmap, 123map Daten: OpenStreetMap, ODbL

GROSS GLIENICKER SEE

An einem der klarsten Seen Berlins kann man einen ganzen Strandtag verbringen. Mit Taucherbrille schaut man sich unter Wasser um, mit kräftigen Schwimmzügen oder Paddelschlägen schafft man es bis zu den Inseln. .

Im **Südosten des Sees** gibt es alles, was man an einem Sommertag braucht: **Strandplätze** mit feinstem Sand – in der Sonne und im Schatten, eine große Wiese mit einzelnen Bänken, einen Spielplatz, ein Beachvolleyballfeld, den Biergarten vom **Bootshaus Kladow** (Boote und SUPs) und herrlich klares Wasser.

Die **Grenze zwischen Brandenburg und Berlin** verläuft mitten durch den See. Vor 1990 bedeutete dies, dass nur West-Berliner den See nutzen konnten. Bis zu den grenzmarkierenden Bojen durften sie im Sommer schwimmen oder im Winter mit ihren Schlittschuhen laufen, während der zwei Kilometer lange See den DDR-Bürgern versagt blieb. Heute erinnert noch ein Teilstück der **Mauer** am **Gutspark Groß Glienicke** am **nördlichen Ufer** des Sees an die Teilung.

Inzwischen gibt es auch am **Westufer** in **Groß Glienicke** an der **Seepromenade** eine **Badewiese** mit kleinem Sandstrand und oberhalb die kleine *Seeperle,* wo man auf der kleinen Terrasse bzw. im Liegestuhl oder Strandkorb leckeres *Florida Eis* mit Blick auf den See genießen kann. Am letzten Freitag im August gibt es hier Open-Air-Kino auf der Großen Wiese – umsonst und draußen. Zwei Inseln liegen inmitten des Sees: Dorthin kann man schwimmen oder mit dem SUP paddeln.

In der gleichen glazialen Rinne warten übrigens noch zwei weitere Seen auf Ausflügler, der naturgeschützte **Sacrower See** und Potsdams **Heiliger See.**

Florida Eis
BERLINER EIS-MANUFAKTUR SEIT 1927
Florida Eis

BESTE ZEIT
Die warmen Sommermonate.

START & ANREISE
ÖPNV: Bus 135 ab *Rathaus Spandau* oder Bus X34 ab *Zoologischer Garten* fahren zur Haltestelle *Waldallee* in Kladow. Von dort 1 km zum Ostufer des Sees. Bus 135 hat zwei weitere Haltestellen nahe am Ostufer des See.

Der Bus 638 fährt vom *Rathaus Spandau* oder ab *Campus Jungfernsee, Potsdam* zum Westufer, Haltestelle *Potsdam, Am Anger.*

Am *Bootshaus Kladow* gibt es einen großen Parkplatz (Verlängerte Uferpromenade 19, 14089 Berlin).

WAS NEHME ICH MIT
Badesachen, Sonnenschutz.

GUTES ESSEN
Im Sommer bietet das *Bootshaus Kladow* kaltes Bier und herzhafte Speisen auf einer großen Liegewiese am See, im Winter hinter einer Glasfront mit Seeblick. bootshaus-kladow.de

Am Westufer bei der *Seeperle* gibt es bei sonnigem Wetter Di-So 12-18 Florida Eis und leckeren Kaffee. seeperle-gg.de

EXTRA TIPP
Beim *Bootshaus Kladow* kann man bei schönem Wetter auch Tret- und Ruderboote mieten oder einen Tauchkurs buchen. bootshaus-kladow.de

NSG
B2
L20
Guts-
park
Mauerrest
Berlin, Gutsstr.
Mühlenberg
47
Landstadt
Gatow
Korfu
Groß
Glienicker
See
Berlin,
Kurpromenade
Potsdam,
Am Anger
Waldspielplatz
Seeperle
Waldallee
(Berlin)
Kladow
Badewiese
Brandenburg
Berlin
Seepromenade
Badestelle Moorloch
Groß Glienicker See, Süd
Groß Glienicke
Spielplatz
P
Bootshaus Kladow
Campingplatz
Berlin-Kladow
N
0 300 m
Sacrower
See
STEPMAP © Stepmap, 123map Daten: OpenStreetMap, ODbL

SACROWER SEE

Im Königswald strahlt der Sacrower See mit seinem klaren Wasser und lockt zum Baden, Wandern und Innehalten.

In einer märchenhaften Idylle, fast vollständig von Wald umgeben, liegt der **Sacrower See.** Obwohl es nicht so weit nach Potsdam oder Berlin ist, verirren sich unter der Woche kaum Bade- und Wandergäste in diese Gegend.

Seit 1941 steht der weitläufige 800 Hektar große **Königswald** mit seinem 36 Meter tiefen Klarwassersee unter **Naturschutz.** Das heißt, man darf schwimmen und den See umrunden, aber nicht von den Wegen abkommen.

Die knapp neun Kilometer lange Seerunde führt größtenteils durch einen wilden Mischwald, der einst im Grenzgebiet ungestört wachsen konnte. Mindestens zwei Orte bieten sich für längere Pausen an.

Am **Nordufer** befindet sich ein **Sandstrand** zu Füßen der Event-Location *Landleben Potsdam*. Weitere Badebuchten liegen westlich Richtung Anglerverein, wo man sich vom klaren Wasser überzeugen kann.

Und im **Süden** beeindrucken der **Schlosspark Sacrow** und die imposante **Heilandskirche Sacrow,** die 1844 nach italienischem Vorbild erbaut wurde.

BESTE ZEIT

Im Sommer zum Seebaden, den Rest des Jahres zum Waldbaden.

START & ANREISE

Vom **Nordufer** ist der Bus 638 mit Haltestelle *Potsdam, F.-Günther-Park* zu Fuß 15 Minuten entfernt.

Einige Parkplätze gibt es beim *Landleben Potsdam* (Seepromenade 99, 14476 Potsdam).

Das **Südufer** erreicht man von *Kladow* oder *Potsdam Pirschheide Bhf* mit dem Bus 697, der 3 Haltestellen in Sacrow anfährt z.B. *Sacrower See.*

Dort befinden sich auch Parkplätze.

WOMIT BIN ICH UNTERWEGS

Zu Fuß.

LÄNGE & DAUER

In zwei bis drei Stunden hat man den See auf den neun Kilometern umrundet. Badepausen exklusive.

WAS NEHME ICH MIT

Badesachen, Regen-/Sonnen-/ Mückenschutz.

GUTES ESSEN

Täglich gibt es frisch zubereitete Gerichte im Ausflugslokal *Restaurant zum Sacrower See* (ehemals „Rittersaal zu Sacrow"), sonntagvormittags Bayerisches Weißwurstfrühstück, im Winter "Mittelalterliches Gelage" im Rittersaal. ritter-sacrow.de

Das *Landleben Potsdam* – hauptsächlich nur noch Event-Location – bietet hin und wieder Brunch, BBQ und Buffet an. Termine: landleben-potsdam.de

HEILIGER SEE & JUNGFERNSEE

Ein feiner Park in Potsdams Norden lädt zum Flanieren am Ufer zwischen Bäumen ein, wo schon Könige, Prinzessinnen, Prominente und auch Kühe weilten.

Der **Heilige See** ist Potsdams berühmteste Stadtsee-Adresse. Am Ostufer wohnen die Stars und Sternchen in prachtvollen Villen mit Seegrundstück, im Norden belegen die Potsdamer in den Sommermonaten die große Wiese mit ihren Handtüchern, wo sie unter der Büste des griechischen Feldherrn Themistokles picknicken und sich sonnen nach einem Bad im Heiligen See.

Auch König Friedrich Wilhelm II. von Preußen ließ es sich an diesem See gutgehen. Ende des 18. Jahrhunderts bezog er sein Sommerschloss, das **Marmorpalais**, und fuhr gern mit dem Boot raus. Über den mittlerweile im Sommer oft ausgetrockneten Hasengraben ist der Heilige See mit der Havel verbunden. Am **südlichen Ufer** ließ der König eine **gotische Kapelle** für seine Bibliothek errichten – Bücher findet man heute nicht mehr, dafür den nach wie vor schönen Seeblick.

Der Heilige See ist Teil des **Neuen Gartens,** der sich zwischen den Ufern des Heiligen Sees und des **Jungfernsees** erstreckt. Auch **Schloss Cecilienhof,** das in seinem Cottage-Stil viel geerdeter als die anderen Schlösser wirkt, befindet sich hier.

Folgt man dem Ufer des **Jungfernsees** gen Norden, kommt man an weiteren Villen vorbei und zum ehemaligen DDR-Grenzkontrollturm.

START & ANREISE

ÖPNV: Mit der Tram 93 vom *Bhf Potsdam* in zwölf Minuten zur Haltestelle *Glienicker Brücke,* wo man dem Havelufer gen Westen folgend über den Hasengraben zur Badestelle des Heiligen Sees und weiter zum Schloss Cecilienhof gelangt.

Einen PKW Parkplatz (Am Neuen Garten 47, 14469 Potsdam) gibt es vor Schloss Cecilienhof.

WOMIT BIN ICH UNTERWEGS

Zu Fuß.

WAS NEHME ICH MIT

Badesachen, Sonnen-/ Regenschutz.

GUTES ESSEN

Am Havelufer hausgebrautes Bier trinken und den Flößen und Yachten auf dem Jungfernsee hinterherschauen geht bei der *Brauerei Meierei Potsdam* im Neuen Garten, wo einst zu königlichen Zeiten Kühe an der Molkerei grasten. Übrigens ist die *Meierei* eines der schönsten Gebäude von Ludwig Persius, dem Architekten den Königs Friedrich Wilhelm IV.
meierei-potsdam.de

Direkt am Südufer des Heiligen Sees liegt das *Café Midi* für Kleine und Große, mit Kuchen, Suppen und Stapelsteinen.
cafemidi.de

Das *Café Matschke Am Neuen Garten* (Mo+Do Ruhetag) mit lauschiger Terrasse im Hinterhof ist ein Kleinod mit besonderem Charme. Im Winter sitzt man am warmen Kachelofen und bestaunt die herrlichen Bilder, denn im Galeriecafé finden ständig wechselnde Ausstellungen und Lesungen statt. Ansonsten freuen wir uns über hausgebackenen Kuchen, saisonale Speisen und russische Spezialitäten.
matschkes-galeriecafe.de

EXTRA-TIPP

Floßtour – Auch vom Wasser aus gefällt der Neue Garten. Dafür eins der Flöße von der Potsdamer Station von *Huckleberrys Tour* am Tiefen See mieten und unter der Glienicker Brücke hindurch zum Jungfernsee fahren. Folgt man dem rechten Ufer des Königswaldes, landet man beim *Lehnitzsee/Krampnitzsee,* wo man ruhig für eine Nacht ankern kann.
huckleberrys-tour.de

Oder darf es doch ein Floß mit Sauna sein? Eine schwimmende finnische Sauna gibt es bei *Saunafloß Seekult* und kann ebenso für mehrtägige Expeditionen gemietet werden.
seekult.com

In *Schloss Cecilienhof,* dem letzten Schloss der Hohenzollern-Familie, versammelten sich nach dem Zweiten Weltkrieg die Siegermächte, um über die Zukunft Deutschlands zu entscheiden. Heute eine historische Gedenkstätte, können die Konferenzzimmer und Arbeitsräume der Teilnehmer der Potsdamer Konferenz besichtigt werden.
spsg.de >Schlösser & Gärten im Überblick >Neuer Garten & Pfingstberg >Schloss Cecilienhof

Krampnitzsee
Lehnitzsee
Seekult Saunafloß
NSG Sacrower See und Königswald
Zedlitzberg 65
Potsdam Nord
Königswald
Sacrower See
B2
Schwarzer Berg 51
Potsdam Nord
Jungfernsee
Sacrow
Ehemaliger DDR Grenzkontrollturm
Brauerei Meierei Potsdam
Schloss Cecilienhof
Brandenburg
Berlin
Pfingstberg 76
Bornstedt
Nauener Vorstadt
Schloss Cecilienhof
Havel
Neuer Garten
Heiliger See
Hasengraben
Potsdam, Glienicker Brücke
Wannsee
Kapellenberg 55
Marmorpalais
Potsdam, Puschkinallee
Berliner Vorstadt
B1
Glienicker See
Café Matschke
Babelsberger Enge
Café Midi
Gotische Kapelle
Tiefer See
Babelsberg
Babelsberg 77
Potsdam
N
0 300 m
Havel
Potsdam, Holzmarktstr.
Huckleberrys Tour
STEPMAP © Stepmap, 123map Daten: OpenStreetMap, ODbL

ZWISCHEN GOLM & MARQUARDT

Zwischen der Insel Töplitz und Grube sind die Seen noch ruhig, die Ufer von Schilf und Bäumen umsäumt, die Wälder alt. Hier und da schauen kleine Bootsstege aus dem grünen Dickicht heraus, Dörfer wie Nattwerder verstecken sich am Waldesrand.

Um zu diesem herrlichen Naturstück nordwestlich von Potsdam zu gelangen, paddeln wir erst den **Sacrow-Paretzer-Kanal** hinaus, den einzigen Teil, den wir uns mit Motorbooten teilen müssen.

Gen Norden sind es nur ein paar Paddelschläge über den **Schlänitzsee** zum **Schloss Marquardt,** wo wir eine Pause am Strand machen. Der Schlosspark wurde ab 1823 nach den Plänen von Peter Josef Lenné gestaltet, das Schloss selbst änderte häufig seine Funktionen als Sommerresidenz, Hotel oder Universität. Heutzutage dient es vor allem als Drehort und fungierte schon als Kulisse für Filme wie Spencer und Babylon Berlin.

Gen Süden über die **Wublitz** sind keine Motoren auf dem Wasser erlaubt, wir haben Wald und Wasser für uns. Von der **Wublitzer Brücke** winken Fahrradfahrer und Spaziergänger, wir paddeln weiter zum **Golmer Stichkanal,** wo man die Boote gut rausziehen, baden und unter der Trauerweide Rast machen kann. Ein Stück über den **Großen Zernsee** die **Havel** hinauf gibt es Pizza – zur Stärkung für den neun Kilometer langen Rückweg..

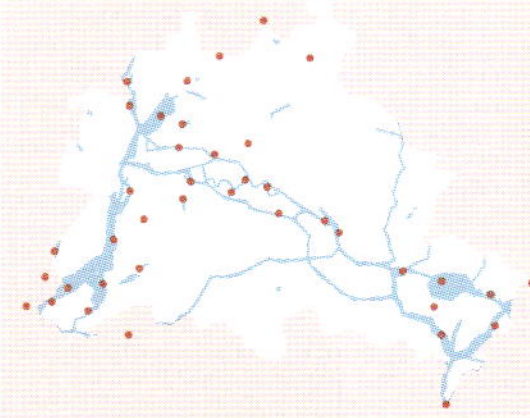

BESTE ZEIT

Frühling, Sommer, Herbst.

ANREISE

ÖPNV: Von *Potsdam* kommend halten die Buslinien 650 oder 614 an der *Eisenbahnbrücke Marquardt.*

Vom *Bhf Marquardt* sind es 1,5 Kilometer zu Fuß zur *Kanu-/SUP-Vermietung Kajak 24*. Parkplätze gibt es unter der Brücke.

Für die Radtour eignen sich die Bahnhöfe Golm und Marquardt als Start- und Endpunkt.

WOMIT BIN ICH UNTERWEGS

Mit einem Kanu oder SUP vom *Kajakverleih Kayak24*. kayak24.de

Natürlich ist es auch sehr reizvoll, entlang der herrlichen Wublitz zu radeln (Extra-Tipp).

LÄNGE & DAUER

Für die 18 Paddelkilometer plant man einen ganzen Tag ein.

WAS NEHME ICH MIT

Sonnen-/Regen-/Mückenschutz, Wechselkleidung (wasserdicht verpackt), Vesper.

Radler haben zusätzlich ein Reparatur-Set und eine Radbrille im Gepäck.

GUTES ESSEN

Pizza gibt es bei der *Trattoria La Marinara* in der Marina Ringel auf der Insel Töplitz – die zu Werder (Havel) gehört – bevor es mit dem Kanu zurückgeht. marina-ringel.de/hafenrestaurant

Mit Kaffee & Kuchen sowie saisonaler Küche wie frischem Beelitzer Spargel, Pfifferlingen oder Wildgerichten wird man im *Landgasthof Zum alten Krug* (Di-Do ab 16, Fr-So ab 12 Uhr, auch Zimmer) in Marquardt verwöhnt. krug-marquardt.de

EXTRA-TIPP

Diese Gegend ist nicht nur per Kanu schön, sondern lässt sich auch auf einer etwa 13 Kilometer langen Radtour erkunden. Am besten die Bahn bis *Bhf Golm* nehmen und Richtung *Gut Schloss Golm* radeln. Dort hat man – außer sonntags – Zugang zum *Großen Zernsee.* Der *Mühlendamm* führt dann über den *Stichkanal*, an der *Wublitzer Brücke* vorbei ins zauberhafte *Nattwerder*, einst von 14 Schweizer Kolonisten gegründet und bewirtschaftet. Heute findet man hier Potsdams älteste Kirche, Obststände, alte Traktoren und Zäune mit gerahmten Familienfotos. Eine geteerte Straße führt durch den Wald nach *Grube* und an Obstbäumen vorbei zum *Schlänitzsee* für eine Bade- oder Bootguckpause, bevor man zum *Schloss Marquardt* radelt und die Bahn zurück nach Berlin nimmt.

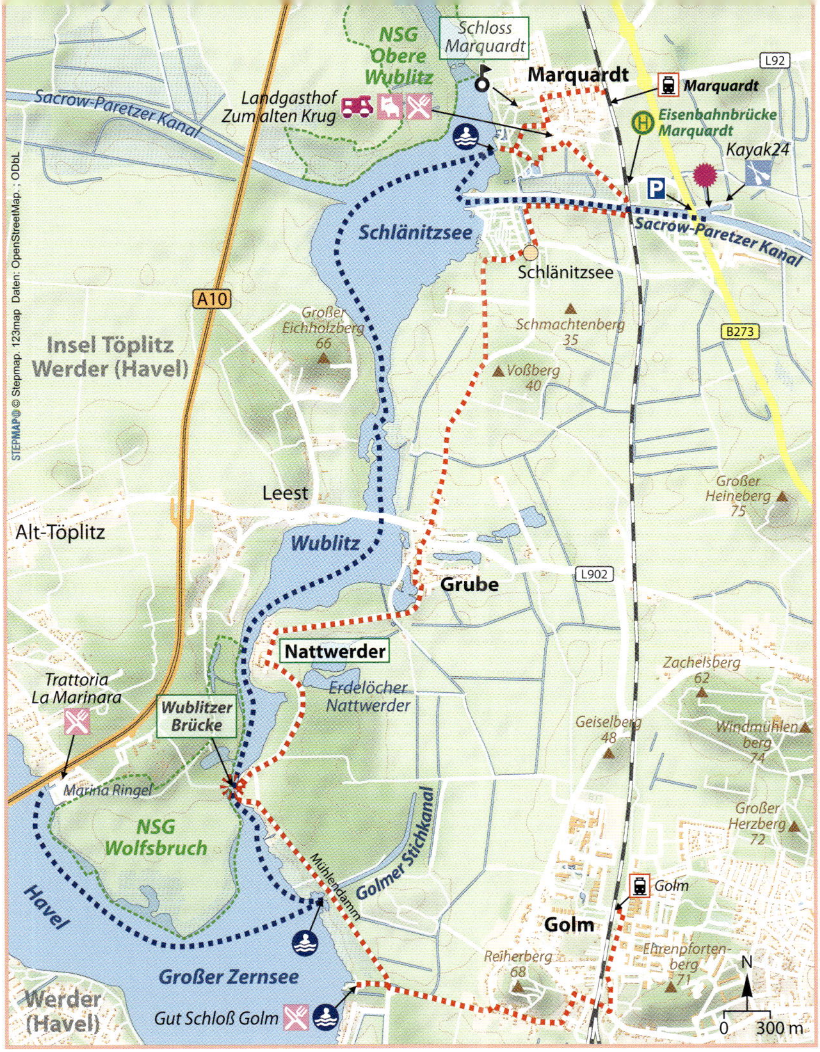

Schloss Marquardt
NSG Obere Wublitz
Marquardt
L92
Marquardt
Landgasthof Zum alten Krug
Eisenbahnbrücke Marquardt
Kayak24
Sacrow-Paretzer Kanal
Schlänitzsee
Sacrow-Paretzer Kanal
Schlänitzsee
A10
Großer Eichholzberg 66
Schmachtenberg 35
Insel Töplitz Werder (Havel)
B273
Voßberg 40
STEPMAP © Stepmap, 123map Daten: OpenStreetMap; ODbL
Großer Heineberg 75
Leest
Alt-Töplitz
Wublitz
Grube
L902
Nattwerder
Zachelsberg 62
Erdelöcher Nattwerder
Trattoria La Marinara
Wublitzer Brücke
Geiselberg 48
Windmühlenberg 74
Marina Ringel
NSG Wolfsbruch
Großer Herzberg 72
Mühlendamm
Golmer Stichkanal
Havel
Golm
Golm
Reiherberg 68
Ehrenpfortenberg 71
N
0 300 m
Großer Zernsee
Werder (Havel)
Gut Schloß Golm

GROSSER PLESSOWER SEE

Rund um Werder hat man den Großen Plessower See nicht sofort auf dem Schirm – dabei bietet er beste Fischbrötchen, eine eigene Kleinbrauerei und ein Strandbad.

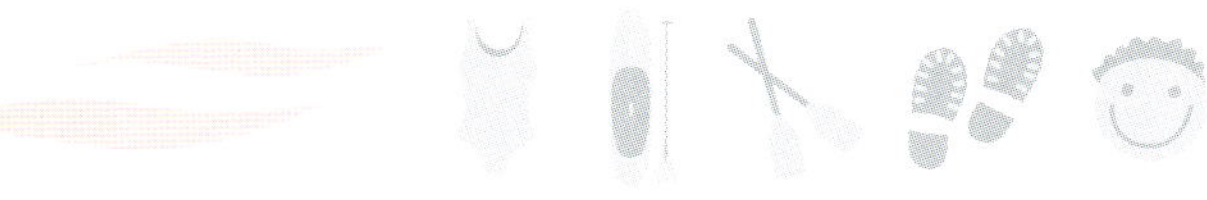

Fünf Kilometer lang ist der **Große Plessower See,** und man kann ihn von **Kemnitz** Richtung Süden erkunden. An seinem **westlichen Ufer** finden wir nahe der A10 alte **Ruinen.** Sie stammen von der *Burg Zolchow* aus dem 13. Jahrhundert, die einst – genauso wie die kleine Gemeinde Kemnitz – der Adelsfamilie von Rochow gehörte.

Sonst halten wir uns an das **Ostufer,** laufen von einer versteckten **Badestelle** zur nächsten und bei gutem Wetter geht es ab ins klare Wasser. Die tiefste Stelle soll 16 Meter unter uns liegen.

Am südlichen Ostufer befindet sich das **Strandbad Werder,** wo man sich SUPs mieten kann oder am Ufer Volleyball und Badminton spielt. Das leckerste Fischbrötchen der Gegend gibt es einen Kilometer südlich, am besten verspeist vor Ort auf der Wiese des familiengeführten **Fischerhofs Kühn.** Wer möchte, kann auch noch ein Ruderboot mieten, um den Großen Plessower See vom Wasser aus zu erkunden.

START & ANREISE

Von *Bahnhof Werder (Havel)* mit Bus 632 Richtung Phöben nach *Kemnitz (PM), Dorf* im Norden des Sees.

Oder Buslinie 633, 635 oder 641 bis Haltestelle *Werder (Havel), Glindower Eck* und von dort 700 m zum *Fischerhof Kühn Fischerei.*

BESTE ZEIT

Im Sommer zum Baden, das restliche Jahr zum Spazierengehen.

WOMIT BIN ICH UNTERWEGS

Zu Fuß oder Rad.

WAS NEHME ICH MIT

Badesachen, Sonnen-/Mückenschutz. Bei einer Radtour auch Reparatur-Set und Radbrille.

GUTES ESSEN

Leckere Fischbrötchen und ein naturtrübes Bier der Braumanufaktur Potsdam gibt es beim *Fischerhof Kühn.* fischerhof-kuehn.de

Brandenburgisch-preußische Vesper-Küche oder romantisches Menü im *Restaurant Zum Rittmeister* mit hauseigener Werderaner Kleinbrauerei in Kemnitz. zum-rittmeister.de

Ortsteile von Werder (Havel): Kemnitz, Glindow, Landkreis Potsdam-Mittelmark

INSEL WERDER

Inmitten der Havelseen befindet sich die Inselstadt Werder, wo man entspannt paddeln, flanieren, Wein trinken und Feste feiern kann.

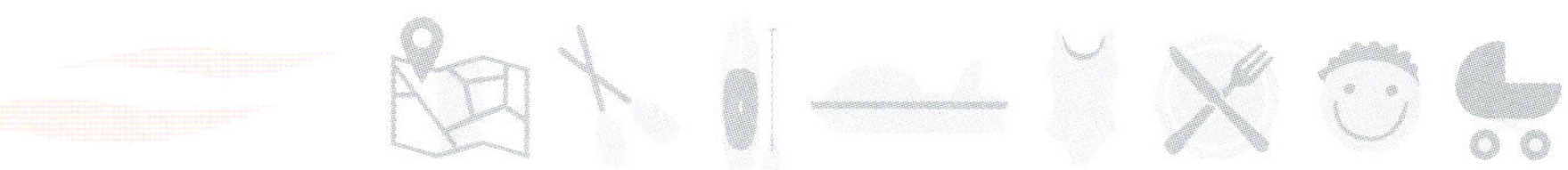

Werder hat einen eigenen Rhythmus. Die **Inselstadt** ist ein staatlich anerkannter Erholungsort, und entspannen kann man sich hier auf viele Arten. Sei es mit einem Wein aus der Region, den einst die Mönche aus Frankreich ins Havelland brachten und auf Werders hügeligem Festland anbauten, wo der Boden immer noch schön sandig und das Wetter sonnig ist. Den **Wein** kann man im Spätsommer auf dem **Wachtelberg** oder in einem der Inselrestaurants probieren.

Etwas aktiver ist eine kleine **Paddeltour** um die **Altstadtinsel.** Boote, SUPs und Kanus mietet man sich direkt neben der Werderaner Inselbrücke, wo man die ersten Paddelzüge auf Werders Regattastrecke absolviert und dann die Insel umrundet – natürlich mit Bade- und Uferstopps.

Auch durch den **historischen Stadtkern** auf der Insel flaniert es sich gemütlich, vorbei an den einstöckigen **Fischerhäusern**, dem alten **Rathaus,** den zwei **Kirchen Maria Meeresstern** und **Heilig-Geist-Kirche,** der **Bockwindmühle** sowie allerlei hübschen Cafés und Restaurants in den verwinkelten Altstadtgassen und entlang den Uferpromenaden.

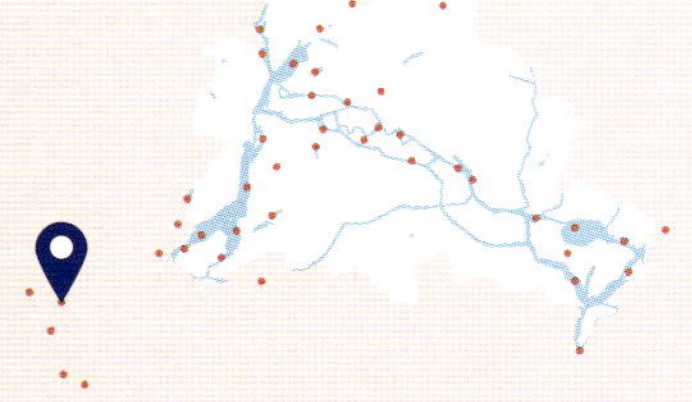

BESTE ZEIT

Außerhalb der Saison, um das Inselflair möglichst nur mit den Anwohnern zu teilen. Oder zum Zeitpunkt der Havel-Ruder-Regatta, um den sportlichen Trubel mitzukriegen.

START & ANREISE

ÖPNV: Mit dem Zug zum *Bahnhof Werder (Havel)* und dann ca. fünf Minuten mit den Buslinien 631, 634, 635 oder 641 zur Haltestelle *Werder (Havel), Post.* Von dort sind es nur fünf Minuten über die Brücke zur Insel.

Auf der Insel kann man nicht parken, es gibt allerdings einen großen Parkplatz direkt vor der Insel an der Havel (Bernhard-Kellermann-Str. 15, 14542 Werder).

WOMIT BIN ICH UNTERWEGS

Zu Fuß oder mit SUP, Kanu, Tretboot.

WAS NEHME ICH MIT

Bequeme Schuhe, Regen-/Sonnenschutz, Badesachen, ggf. Wechselkleidung.

GUTES ESSEN

Kaffee und Kuchen bei *Café & Brasserie Hagemeister*. cafe-hagemeister-werder.de

Von Apr-Sep *Cafégarten*, im *Hotels Prinz Heinrich* an der Alten Überfahrt. hotelprinzheinrich.de

Duval – Konzertfreitage, Cheesecake und besondere 3-Gänge-Menüs. duval-werder.de

Fischbrötchen und mehr im *Restaurant Arielle.* fischrestaurant-arielle.de

Selbstgerösteten Kaffee und ofenfrischen Kuchen serviert die Rösterei *Kaffee Kontor Werder* in der historischen Saftfabrik Lendelhaus. kaffeekontorwerder.de

Leckeres Eis gibt es auf der Torstraße: Entweder bei *Dolci e Gelati* oder bei *Isola Bella,* je nachdem, wo die Schlange kürzer ist.

EXTRA-TIPP

Das einwöchige *Baumblütenfest* findet am letzten Aprilwochenende statt und ist ein großes Volksfest mit Musik, Riesenrad, Feuerwerk und all den Spezialitäten aus den hiesigen Obstgärten und Plantagen. baumbluetenfest.de

Kanus, SUPs & Tretboote gibt es bei *Krüger & Till Wassersport.* bootshandel-werder.de

Lust auf ein wenig Höhenluft? Dann kann man auf den *Wachtelberg steigen* und in der *Straußwirtschaft Weintiene* in entspannter Atmosphäre bei einem Glas Wein den traumhaften Blick über Weinstöcke und Havelland genießen. weinbau-lindicke.de

DUVAL

DER GLINDOWER SEE

Dort, wo sich der Glindower See an das Naturschutzgebiet der Glindower Alpen schmiegt, kann man Höhen- und Bademeter bestens vereinen.

Wenn die Bäume noch kahl sind, hat man den tollsten Blick auf den **Glindower See** vom **Aussichtspunkt Belvedere Glindower Alpen.** Treppen führen von der Alpenstraße hinauf.

Eine spannendere Dramaturgie bietet allerdings der **Waldweg** von **Petzow**. Man taucht ein in einen hügeligen Mischwald mit bis zu vierzig Meter tiefen Schluchten. Hier wurde Ton abgebaut, weswegen dieses **Naturschutzgebiet** ganz anders als die Kiefernwälder und Obstwiesen in der Umgebung ist. Man taucht aus dem Wald oberhalb des Sees auf einer überraschenden Sandebene wieder auf und gönnt sich den Seeausblick als Höhepunkt und Wanderpause.

Im Sommer erlebt man den etwa drei Kilometer langen See lieber aus nächster Nähe, statt ihn aus der Ferne zu beäugen und verbringt den Nachmittag im **Strandbad Glindow** oder am **Strand bei Petzow.**

Den **Schlossgarten Petzow** sollte man sich nicht entgehen lassen. Ein Liebhaber Englischer Gärten hat hier ein wahres Gartenparadies geschaffen, das im Rahmen einer Veranstaltung im Garten oder einer Führung besichtigt werden kann. Den ganzen Tag möchte man in dieser verträumten Oase verweilen und irgendwann auch nebenan im Café *Drei Kaehne* den feinen Kuchen probieren.

An bewölkten Tagen verschwindet man im **Märkischen Ziegeleimuseum** (Sa+So 11-16, ziegeleimuseum-glindow.de), um herauszufinden, woher die Berliner und Brandenburger Häuser ihre schmucken Ziegelfassaden aus dem seltenen gelb brennenden Ton haben.

Ortsteile v. Werder (Havel): Glindow, Petzow, Landkreis Potsdam-Mittelmark

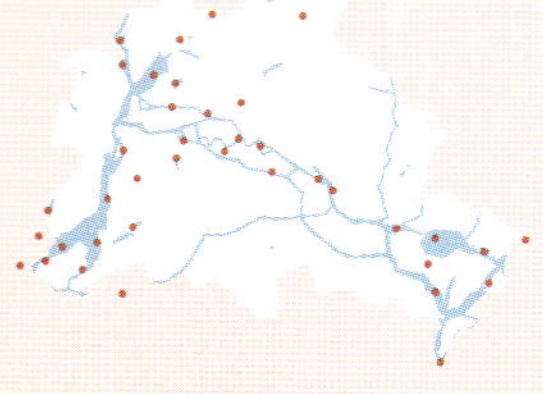

BESTE ZEIT

Im Sommer zum Baden; im Herbst, Winter und Frühling zum Wandern; an Wolkentagen ins Museum.

START & ANREISE

ÖPNV: Die Buslinie 607 fährt vom *Hbf Potsdam* entlang des Schwielowsees zur Haltestelle *Petzow, Schlosspark.*

Vom *Bhf Werder (Havel)* fahren die Buslinien 633 und 641 nach *Glindow, Alpenstraße.*

Parkplatz am Kreuzungsbereich Zum Lindentor/ Fercher Str./Zum Inselparadies (Navi: Zum Lindentor 1, 14542 Werder (Havel)).

Parkplätze gibt es auch am Schloss Petzow und an der Ziegelei.

WOMIT BIN ICH UNTERWEGS

Zu Fuß.

LÄNGE & DAUER

Etwa 7 Kilometer in 1,5 Stunden.

WAS NEHME ICH MIT

Badesachen, bequeme Schuhe, Regen-/Sonnen-/ Mückenschutz.

GUTES ESSEN

Beim Sonnenuntergang schmeckt es besonders gut im *Kleines See-Restaurant* am Jahnufer 1. facebook.com >Kleines Seerestaurant

Am südlichen Zipfel in der Grellbucht serviert der *Forellenhof Schloss Petzow* Frühstück, Fischbrötchen und Suppen direkt am See. forellenhof-schloss-petzow.de

EXTRA-TIPP

Schlossgarten Petzow: Besichtigung bei Veranstaltungen oder mit Führung (Sa+So 13.30 Uhr, anmelden) & gemütliches *Café Drei Kaehne* (Mai-Okt Sa+So 13-18). schlossgarten-petzow.de

Man erreicht den Glindower See auch per *Floß* – von Potsdam über Templiner See, Schwielowsee, Havel und dann durch den kleinen Kanal an der Strengbrücke. Floßvermieter in Potsdam:

Huckleberrys Tour
huckleberrys-tour.de

Diki Tours
diki-tours.de

Windsurfing Potsdam
(auch SUP, Kanu, Segelboote, Motorboote . . .)
wassersportpotsdam.de

Zum Paddeln bekommt man Kanus am südlichen Ufer des Sees beim *Kajakverleih Glindowsee.* kajakverleih-glindowsee.de

SUP-Automat von *Heiuki* 2 km nördlich von Petzow am Biergarten vom *Blütencamping Riegelspitze.* heiuki.com

SCHWIELOWSEE & TEMPLINER SEE

Am Schwielowsee warten Sommerhäuser, Strände und Künste auf inspirierte Radelnde; eine Seeumrundung mit Pinsel und Gartenschere.

„Komm nach **Caputh**, pfeif auf die Welt", schrieb Albert Einstein einst seinem Sohn und lud ihn in sein Sommerhaus ein. Das Havelland lockte die Großstädter schon immer zur Sommerflucht, und besonders der **Schwielowsee** hatte es ihnen angetan. Von **Einsteins Sommerhaus,** das er 1929 erbauen ließ und an ein schwedisches Holzhaus erinnert, radeln wir wieder hinunter zum See und schauen den Schiffen, Flößen und Booten von Capuths Uferpromenade aus nach, bevor wir dem Uferweg sieben Kilometer zum **Malerdorf Ferch** folgen.

Ende des 19. Jahrhunderts verguckten sich auch einige Künstler in die Natur rund um den Schwielowsee und zogen mit ihren Staffeleien in die Wälder und an den See. Daran erinnert heute das kleine, sehr feine **Museum der Havelländischen Malerkolonie** (Do-So 12-16) in **Ferch**.

Einer anderen Art der Kunst, und zwar der japanischen, hat sich Tilo Gragert nach mehreren Japanreisen verschrieben und am Fercher Ortsausgang in **Mittelbusch** einen magischen **Bonsaigarten** samt **Teehaus** erschaffen.

Mehr Kunst gibt es im **Schlossgarten Petzow:** Hier finden Ausstellungen, Konzerte und Picknicke statt (s. Tour 60). Wer noch Kraft in den Beinen hat, folgt nun dem Uferweg des **Templiner Sees**, um in **Potsdam** wenigstens **Schloss Sanssouci,** dem Lustschloss Friedrich des Großen mit seiner prachtvollen Gartenanlage, einen Besuch abzustatten.

Nach so einer Seeumrundung kommt man nicht umhin, Einstein zuzustimmen. Es lohnt sich, nach Caputh zu kommen.

BESTE ZEIT

Im Sommer zum Baden und im restlichen Jahr zum Spaziergang und Museumsbesuch.

START & ANREISE

ÖPNV: Mit dem Fahrrad kann man direkt am *Potsdam Hbf* starten und noch dazu den Templiner See umrunden.

Direkt nach Caputh fährt man zum *Bhf Caputh-Schwielowsee*.

WOMIT BIN ICH UNTERWEGS

Mit dem Fahrrad.

LÄNGE & DAUER

Die 35 Kilometer lange Tour um beide Seen schafft man in gut zwei Stunden reiner Radelzeit.

WAS NEHME ICH MIT

Am besten Kunstutensilien Deiner Wahl, sei es Pinsel und Malblock oder Kamera – die Gegend könnte inspirieren.

Auf jeden Fall Fahrrad-Reparatur-Set, Fahrradbrille, Regen-/Sonnenschutz, Badesachen.

GUTES ESSEN

Gutbürgerliche Küche im *Fährhaus Caputh* mit Wasserblick oder draußen auf der Terrasse. faehrhaus-caputh.de

Do-So Wildgerichte im Restaurant *Märkische Wildschweinbäckerei.* wildschweinbaeckerei.de

Japanischer Tee im *Teehaus* im Japanischen Bonsaigarten bonsai-haus.de

Die Welt des Sanddorns – in Petzow genießt man Sanddorn-Spezialitäten von Christine Berger im *Café-Imbiss* im *Sanddorn-Garten.* Im *Hofladen* bekommt man die Delikatessen auch zum Mitnehmen. sanddorn-garten-petzow.de

Auf jeden Fall kehren wir in Geltow in der *Gaststätte Baumgartenbrück* ein. Dort gibt es seit 1826 raffinierte märkische Küche in einer rustikalen Gaststätte am See, wo schon Theodor Fontane speiste.

EXTRA-TIPP

Floßtour – Die Gegend lohnt ein paar Tage Zeit, und das am besten auf dem Wasser verbracht: In Potsdam ein Floß mieten und damit durch die Innenstadt und über den Templiner See und Schwielowsee bis zum Glindower See fahren. Floßanbieter in Potsdam:

Bootsvermietung Moisl bootsvermietung-moisl.de

Diki Tours diki-tours.de

Windsurfing Potsdam (auch SUP, Kanu, Segelboote, Motorboote . . .) wassersportpotsdam.de

Wer einen Badetag verbringen möchte, steuert das *Strandbad Ferch* oder das *Seebad Caputh* an, oder jede andere beliebige Stelle am Ufer, die sich für einen Badestopp eignet.

Das *Einsteinhaus* in Caputh kann man Apr-Okt Sa+So besichtigen. einsteinsommerhaus.de

Der *Kunstpfad Ferch* lässt einen das Leben und Schaffen regionaler Künstler hautnah erleben. Dabei lernt man ganz nebenbei den Fischerort kennen, mit dem reetgedeckten Kossätenhäuschen, welches das Museum der Havelländischen Malerkolonie beherbergt und die wunderschöne Fischerkirche.

Wald Galerie Ferch – modern interpretiert wird an die Maler- & Künstlerkolonie angeknüpft. wald-galerie-ferch.de

Schloss Sanssouci
Schlosspark
Potsdam
Diki Tours
Großer Zernsee
Kellerberg 62
Hermannswerder
Potsdam Hbf
Großer Enntenfängerberg 81
Werder (Havel)
Wachtelberg 55
Havel
Templiner See
Schäfereiberg 85
Windsurfing Potsdam
Gaststätte Baumgartenbrück
Camping Potsdam
Kahle Berge 85
Bootsvermietung Moisl
Kleiner Ravensberg 114
Baumgartenbrücke
Geltow
Glindower See
Die Welt des Sanddorns
Petzinsee
Waldbad Templin
Braumanufaktur Forsthaus Templin Do-So 11-21
NSG Glindower Alpen
Großer Ravensberg 108
Saugartenberg 82
Seebad Caputh
Schlossgarten Petzow
Caputh
Schloss Caputh
Einsteinhaus
Rollberg 65
Petzow
Aussichtsplattform Caputher Gemünde
Fährhaus Caputh
Badestelle Petzow
Caputher See
Schöne Berge 90
Bf Caputh-Schwielowsee
Wilhelmshorst
Bonsaigarten & Teehaus
Schwielowsee
Mittelbusch
Strandbad Ferch
NSG Lienewitz-Caputher Seen- und Feuchtgebietskette
Museum der Havelländischen Malerkolonie
Großer Lienewitzsee
Langerwisch
Wald Galerie
Ferch
Michendorf
Fischerkirche
Wietkiekenberg 124
Bf Ferch Lienewitz
Märkische Wildschweinbäckerei
A10
B1
B2
N
0 500 m
STEPMAP © Stepmap, 123map Daten: OpenStreetMap, ODbL

randenburg - Spezialitäten
Fruchtmanufaktur und
LADEN

DIE LIENEWITZSEEN UND IHRE 800-JÄHRIGE EICHE

Eine jahrhundertealte Eiche steht zwei Seen zur Seite, die sich unweit des Schwielowsees im Wald verstecken. Findet man die Eiche und den Kleinen und Großen Lienewitzsee, hat man sie manchmal in aller Ruhe für sich.

Der **Kleine Lienewitzsee** liegt wie eine versteckte Perle inmitten von alten Bäumen. Wenn wir am Bahnhof *Ferch-Lienewitz* aus dem Zug steigen, laufen wir auf einer alten brandenburgischen Pflaster- und Sandstraße in den Wald hinein. Alsbald führt ein **Wanderweg** nach links zur **800-jährigen Eiche,** die man sofort an ihrer Größe erkennt.

Der **Kleine Lienewitzsee** hat eine übersichtliche Größe von 4,5 Hektar. Kleine **Badebuchten** befinden sich zwischen den Bäumen und dem Schilf, man kann locker von einem Ufer zum anderen schwimmen. Gegenüber der alten Eiche bei den Seerosen liegt die kleine **Siedlung Lienewitz,** die hauptsächlich aus einem Anglerverein und Wochenendhäuschen besteht.

Am **Großen Lienewitzsee,** den man zu Fuß über das nördliche Ufer erreicht, lockt ein großer **Sandstrand** auf der Michendorfer Seite und die dreifache Fläche zum Schwimmen..

BESTE ZEIT

Im Sommer zum Baden. Für einen Spaziergang das ganze Jahr.

START & ANREISE

ÖPNV: Der *Bahnhof Ferch-Lienewitz* ist 1 km vom Kleinen Lienewitzsee entfernt.

Der *Bahnhof Michendorf* knapp 4 Kilometer vom Großen Lienewitzsee.

Auf der A10 wählt man die *Ausfahrt Ferch,* um zum Kleinen Lienewitzsee zu gelangen – gegenüber der Tankstelle gibt es ein paar Parkmöglichkeiten

An der *Ausfahrt Michendorf* fährt man ab, um zum Großen Lienewitzsee zu gelangen.

Im Wald darf man nicht parken oder fahren, besser einen Parkplatz im Ort Lienewitz finden.

WOMIT BIN ICH UNTERWEGS

Zu Fuß.

WAS NEHME ICH MIT

Proviant, da es vor Ort keine Einkehrmöglichkeiten gibt. Und natürlich Badesachen, Sonnen-/Regen-/Mückenschutz.

EXTRA-TIPP

Sehr zu empfehlen ist ein Abstecher zum rund drei Kilometer entfernten *Aussichtsturm Wietkiekenberg.* Zuerst darf man den Berg erklimmen und hat nach dem Besteigen der 22 Meter hohen Stahlkonstruktion einen gigantischen Blick über alle Baumkronen hinweg und über den Schwielowsee, Potsdam und gar bis Berlin. Tafeln auf der Plattform informieren über die Blickpunkte in der umgebenden Landschaft.

Die Lienewitzseen und ihre 800-jährige Eiche

Lienewitz, Gemeinde Michendorf, Landkreis Potsdam-Mittelmark

GROSSER SEDDINER SEE

Zwei Zeltplätze und vier Badestellen laden dazu ein, ein ganzes Wochenende am Großen Seddiner See im Naturpark Nuthe-Nieplitz zu verbringen.

Man muss nur noch den Reißverschluss vom Zelt öffnen, aus dem Schlafsack krabbeln und über Kiefernnadeln und Sand um die Ecke laufen, wo sich der öffentliche **Badestrand Lehnmarke** vom Waldrand bis vor zum See ausbreitet. Am Morgen ist kaum etwas los, die anderen Zeltenden schlafen noch und die Anwohner frühstücken wohl erst.

Gegenüber sieht man das andere Ufer so nah, dass sich die **Gemeinden Michendorf** und **Seddiner See** fast berühren, denn der See kämpft aufgrund der Klimakrise und der Wasserentnahme durch die Wasserwerke, Anwohner und des Golfplatzes mit einem stark sinkenden Wasserpegel.

Um ihn herum führt ein knapp 11 Kilometer langer **Rundwanderweg,** auf dem man auch die anderen drei **Badestellen** am **Südufer** und den **Findlingsgarten am Seddiner See** in **Kähnsdorf** kennenlernt. Dort kann man zwischen den großen Steinen und beeindruckenden Statuen spazieren gehen und sich versuchen vorzustellen, was für eine Reise diese Findlinge hinter sich haben, als die Gletscher sie während der Eiszeit von Skandinavien nach Brandenburg schoben.

Von der **Badestelle Wildenbruch** sieht man den See in seiner ganzen Länge vor sich liegen, bevor man den Weg am **Nordufer** durch Röhrichtfelder und über **Lehnmarke** zurück zum Campingplatz *Icanos* im Ortsteil **Neuseddin** läuft.

Lehnmarke, Seddin, Kähnsdorf, Wildenbruch, Landkreis Potsdam-Mittelmark

BESTE ZEIT
Im Sommer.

START & ANREISE
ÖPNV: Mit dem Zug nach *Bhf Michendorf* und weiter mit der Buslinie X43 (Mo-Fr, NICHT Sa+So) nach *Seddin, Jägerhof.*

Oder mit dem Zug zum *Bhf Seddin,* von dort weiter mit der Buslinie 646 (Mo-Fr, NICHT Sa+So) nach *Seddin* (3 Haltestellen) und *Kähnsdorf* (2 Haltestellen). Fahrpläne unter: regiobus-pm.de

Zum *Campingplatz Icanos* steigt man an der Haltestelle *Neuseddin, Heimvolkshochschule* aus und läuft noch eine Viertelstunde. campingplatz-icanos-ev.de

Natürlich kommt man von den Bahnhöfen auch gut mit dem Rad zum See.

In Kähnsdorf parkt man zum Beispiel am Findlingsgarten (Dorfstraße, 14554 Seddiner See).

WOMIT BIN ICH UNTERWEGS
Zu Fuß oder mit Rad.

LÄNGE & DAUER
Mit dem Fahrrad fährt man die 13 Kilometer Seeumrundung in knapp einer Stunde; zu Fuß sind es 11 km, für die man 2,5-3 Stunden braucht. Ohne Bade- und Vesperpausen.

WAS NEHME ICH MIT
Badesachen, Sonnen-/Regenschutz, Radbrille, Reparatur-Set. Bei Bedarf eine Campingausrüstung.

GUTES ESSEN
Rustikale Küche in gemütlichem Ambiente gibt es im *Gasthaus Zum Seddiner See* (Do-So), in einem der ältesten Häuser im malerischen Dorfkern von Wildenbruch. gasthaus-zum-seddiner-see.de

Fischbrötchen und geräucherter Fisch schmecken besonders gut am Südufer beim *Fischerhof Seddin* (Sonntag Ruhetag). seddinersee.com

Ob Fisch oder märkischer Rehbraten – in erster Reihe mit Seeblick im Garten des *Gasthofs Zur Reuse* – der Besuch ist auf jeden Fall ein Genuss (Mo+Di Ruhetag).

EXTRA-TIPP
Tret- & Ruderboote, SUPs, Kajaks und Eis am Stiel gibts in Kähnsdorf bei der *Bootsvermietung Moisl (Boote, Kanus und auch SUPs sind auf dem See nur vom 15.6.-30.9. erlaubt).* bootsvermietung-moisl.de

Die *Heimatstube & Kulturscheune Kähnsdorf* öffnet von Mär-Okt, Do-So. In dem um 1700 erbauten rohrgedeckten Fachwerkhaus direkt am Ufer, gibt es wechselnde Ausstellungen und eine regional-typische kleine Bauernstube.

Neuseddin
Bf Seddin 800 m
Michendorf 4,8 km
B2
L73
Lehnmarke
Golfplatz
Gasthaus Zum Seddiner See
Wildenbruch
Campingplatz Icanos
Badestrand Lehnmarke
Neuseddin, Heimvolksh.
Fahrradstrecke
Fußwege am Ufer
Badestelle Wildenbruch
Kleiner Seddiner See
Seddiner Badestelle
Röhrichtfelder
Großer Seddiner See
Strandbad Seddiner See
Krugberg 74
Kähnsdorf
Kähnsdorf, Dorf
Seddin (PM), Jägerhof
Seddin
Kähnsdorfer See
Rauher Berg 78
Campingplatz Kähnsdorf
Naturpark Nuthe-Nieplitz
Fischerhof Seddin
Heimatstube & Kulturscheune
NSG Nuthe-Nieplitz-Niederung
Bootsvermietung Moisl
Gasthof Zur Reuse
Findlingsgarten am Seddiner See
N
0 300 m
STEPMAP © Stepmap, 123map Daten: OpenStreetMap, ODbL

BLANKENSEE

Der unter Naturschutz stehende See ist ein Vogelparadies. Die Gegend ist Heimat und Rastplatz etlicher Vögel, die sich besonders gut vom Bohlensteg beobachten lassen. Im gleichnamigen Dorf findet man historische und kulinarische Besonderheiten.

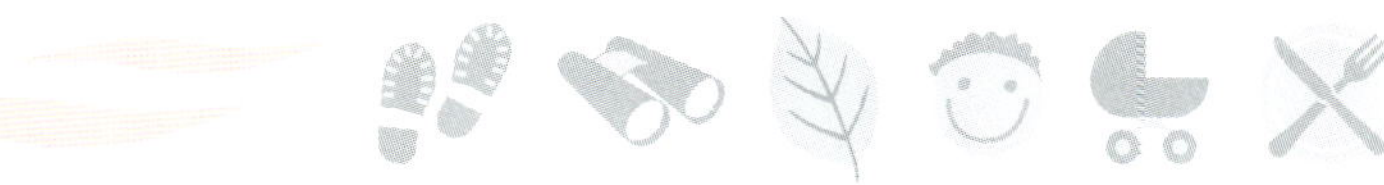

Spiegelglatt liegt er da – der **Blankensee**, von einem Schilfgürtel umsäumt, in der **Nuthe-Nieplitz-Niederung.**

Dies ist kein See zum Baden. Dies ist ein See für **Zugvögel**, die im Frühjahr und Herbst Rast von ihrer großen Reise machen. Ein See für Vogelbeobachter, die sich auf die Bänke des Bohlenstegs setzen, auf die ruhige Seeoberfläche und in den erstaunlich weiten Himmel schauen, wo trompetende Kraniche, kreischende Möwen und majestätische Seeadler fliegen.

Der See scheint seine Ruhe auf den gleichnamigen **Ort Blankensee** zu übertragen. Gemütlich schlendern wir durch die kleinen, alten Gassen und entdecken das **Bauernmuseum**, eine Büchnerzelle, die Landbäckerei, zwei **Fischereien** und den romantischen **Schlossgarten**, in dem sich weiße Brücken über die **Nieplitz** spannen wie aus einem Fontane-Roman – tatsächlich aber von den Skizzen des preußischen Gartenkünstlers Peter Joseph Lenné aus dem Jahr 1832 stammen.

Unweit davon befinden sich die **Ungeheuerwiesen**, wo man im Herbst und Frühling Tausende nordischer Wildgänse sehen kann.

260 Blankensee
Blankensee (Ortsteil von Trebbin), Landkreis Teltow-Fläming

BESTE ZEIT

Ende Sep-Mitte Nov & Mitte Feb-Mitte Apr, um die nordischen Wildgänse und andere Zugvögel zu beobachten.

START & ANREISE

Am besten ist der Ort mit dem Auto erreichbar. Parkplätze gibt es nahe des Bohlenstegs auf dem Ruhemannweg (52.233513, 13.135992), im Dorf neben der Gaststätte Schmädicke (Zur Nieplitz 13, 14959 Trebbin) und vor dem Schloss Blankensee (Zum Schloß 19, 14959 Trebbin).

ÖPNV: Von Berlin zum *Bhf Trebbin,* dort mit dem Rufbus R 778 "Kranich Express" (Zuschlag 1,- € je Fahrgast und Fahrweg) nach Blankensee. Die Fahrt muss spätestens 60 Min. vor Fahrtbeginn bestellt werden:
Tel. (03371) 62 81 81
Online: vtf.tdimo.net/bapp
Infos: www.vtf-online.de

WOMIT BIN ICH UNTERWEGS

Zu Fuß.

WAS NEHME ICH MIT

Regen-/Mückenschutz und Fernglas.

GUTES ESSEN

Museumsschänke Blankensee – Matjes, Fläminger Schweinebraten und geschmorte Landgurken – was will man mehr? bauernmuseum-blankensee.de

Sauerteigbrot und sonntags Kuchen serviert das Hofcafé der *Landbäckerei Röhrig.*

Hochwertige Lebensmittel im *Hofladen* und leckere *Bistroküche* im Biergarten bekommt man in der nahen Friedensstadt Joseph Weißenberg im *was schmeckt* (Mo Ruhetag). wasschmeckt.de

Weitere interessante Gaststätten und Höfe: offenehoefe.de

EXTRA-TIPP

Wer heimische Wildtiere wie Dam-, Rot- und Muffelwild sehen möchte, macht sich auf den ca. 20-minütigen Fußweg zum *Wildgehege Glauer Tal* am östlichen Dorfrand. naturpark-nuthe-nieplitz.de >NaturParkZentrum

Blankensee **263**

Blankensee (Ortsteil von Trebbin), Landkreis Teltow-Fläming

DER SIETHENER SEE

Als „märkisches Idyll" pries Fontane den Siethener See, an dem man durch Laub- und Kiefernwälder und Erholungsgrundstücken vorbeiwandert, oder noch besser, über den See paddelt. Ein filmreifes Restaurant lädt Krause-Fans zum Essen ein.

Wie kleine Zwergenhäuser stehen die Bungalows zwischen den hohen Kiefern. Ihre Stege ragen in den **Siethener See** hinein, Ruderboote schaukeln daneben sanft hin und her.

Dazwischen verläuft der **Rundwanderweg**. Wir halten uns an das **nordwestliche Seeufer,** wo keine Autostraße verläuft. Nur das Geräusch einzelner Flugzeuge erinnert hin und wieder daran, dass die Hauptstadt und der BER-Flughafen gar nicht so weit weg sind. Wir schauen hinauf in den Himmel, um die Flugzeuge zu sehen, wir schauen hinab aufs Wasser, um Haubentaucher, den ein oder anderen Graureiher und Wassersportler zu entdecken. Auf dem Weg befindet sich das **Märkische Wanderdorf,** ein ehemaliges DDR-Ferienlager und heutige Tagungsstätte.

Die Wanderung um den See ist überschaubar. Da ein großer Teil entlang der Potsdamer Chaussee verläuft, wo das **Schloss Siethen** zu einem Wohnhaus umgebaut wird, ist es schöner, einfach am **nordwestlichen Ufer** durch den Wald hin- und zurückzuspazieren.

Im Norden des Sees, beim **Forsthaus Siethen,** kann man **baden.** Kinder bedienen sich aus der Spielzeugkiste und SUP-Paddler laden ihre Bretter aus dem Auto aus und gleiten direkt los, die ganze Länge von 2,3 Kilometern bis zum anderen Seeufer.

Der Siethener See

Siethen, Ortsteil von Ludwigsfelde, Landkreis Teltow-Fläming

BESTE ZEIT

Im Sommer zum Baden, sonst zum Spaziergang.

ANREISE

ÖPNV: Mit dem Zug nach *Ludwigsfelde* oder *Trebbin* und dann mit dem mitgebrachten Fahrrad oder dem Bus 750 nach *Siethen.*
bahn.de od. vtf-online.de

Parkplätze gibts am Badestrand Siethener See neben der Potsdamer Chaussee (52.294176, 13.209281) und am Südufer an der Jütchendorfer Chaussee (52.282850, 13.202095).

WOMIT BIN ICH UNTERWEGS

Zu Fuß.

LÄNGE & DAUER

Für die rund 7 km benötigt man 2 Stunden.

WAS NEHME ICH MIT

Regen-/Sonnenschutz, Badesachen.

GUTES ESSEN

Spargelhof Siethen – im *Hofladen* gibt es das erntefrische Gemüse und viele weitere Produkte. Im zugehörigen *Restaurant* kann man den Spargel gleich kosten.
spargelhof-siethen.de

EXTRA-TIPP

Folgt man westlich des Sees den Schildern des Fontane-Wanderwegs F5, kommt man nach einer halben Umrundung des *Gröbener Sees* zum gleichnamigen historischen Dorf *Gröben*, wo sich etwas außerhalb noch einer der letzten echten mittelalterlichen *Kietze* Brandenburgs befindet – eine Dienstsiedlung, meist als Fischersiedlung am Gewässer gelegen, wo die Bediensteten eines Burgadligen lebten.

Am Dorfplatz in Gröben liegt der *Gasthof Naase.* Hier kann man Fr-So in der Filmkulisse des Polizeihauptmeisters "Krause" gutbürgerlich im schönen Speisesaal essen. Neben diversen Polizeiruf-Folgen wurden hier auch Filme gedreht, wie *"Der Sandmann", "Effi Briest"* oder *„Die Känguru-Verschwörung".*

Das älteste erhaltene Kirchenbuch Brandenburgs aus dem Jahr 1575 stammt aus Gröben. Der Schriftsteller Theodor Fontane reiste in den Jahren 1860 und 1881 mehrfach hierher, um das Kirchenbuch einzusehen, und berichtet in seinem Werk *Wanderungen durch die Mark Brandenburg* ausführlich darüber. Heute liegt das kostbare Stück im Museum in Potsdam, eine Kopie in der Gröbener Kirche.

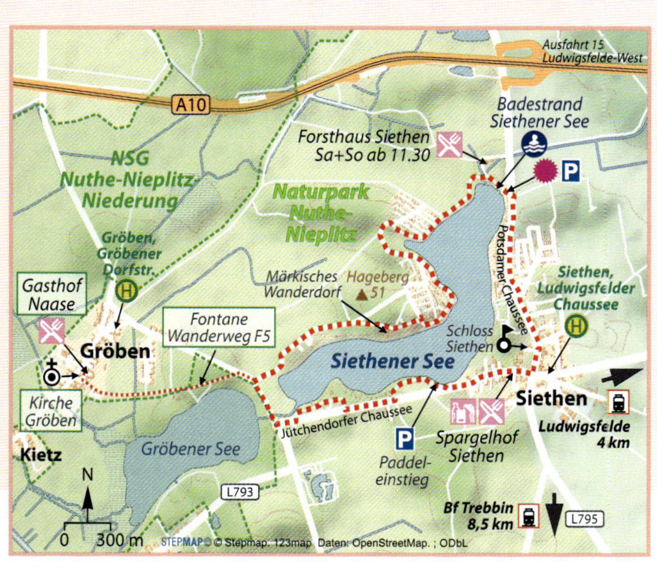

RUNDWANDERWEG
BEI 6,4 KM

DIE AUTORIN

Cindy Ruch ist Autorin, Reisejournalistin und Fotografin. Als sie 2014 nach Berlin zog, verliebte sie sich in die hiesigen Seen, die sie am liebsten radelnd und schwimmend erkundet. Sonst verbringt sie ihre Zeit in Zügen, auf Spielplätzen und an anderen Sehnsuchtsorten und schreibt darüber Artikel und Bücher.

MEHR BÜCHER AUS DER REGION

REGISTER

66-Seen-Wanderung 106, 156

A

Abteibrücke 112
Altbuchhorst 160
Alte Fasanerie Lübars 70
Alte Försterei Wensickendorf 86
Alt-Heiligensee 60
Alt-Stralau 112
Alt-Tegel 52
Alt-Treptow 112
Ankerklause 10
Artström Festival 174

B

Babelsberg 204, 216
Badeschiff 112
Barnimer Land 98
Baumblütenfest (Werder) 240
Baumgartenbrück 248
Baumgarteninsel (Köpenick) 120
Berliner Mauerweg 68
Berliner Vorstadt (Potsdam) 228
Berlin-Spandauer Schifffahrtskanal 46
Bernau bei Berlin 102
Biesenthal 106
Biesenthaler Becken 106
Birkenwerder 84
Blankensee 260
Bogenseekette 72
Bonsaigarten (Ferch) 246
Borgsdorf 84
Bötzsee 176
Briese 84
Briesekrug 84, 86
Briesetal 84
Brücke-Museum 200
Buch (Pankow) 72, 74
Bürgerablage 56
Bürgerpark Pankow 40
Burig (Neu Zittau) 154

C

Capriolenhof (Ziegenkäserei) 95
Caputh 246
Carl-Herz-Ufer 10
Charlottenburg 28, 32
Charlottenburger Uferweg 28
Charlottenburg-Nord 46
Der Cöpenicker 122

D

Dahme 144, 148
Dahme-Radweg 150
Dahme (Schmöckwitz) 140
Dämeritzsee 132
Dicke Marie 54
Dolgenbrodt 150
Dolgensee 148
Düppeler Forst 206, 210, 216

E

Eggersdorf 176
Eichwalde 144
Eichwerder Moorwiesen 68
Eichwerder Steg 68
Eierhäuschen 116
Erkner 164
Europaradweg R1 160, 162

F

Fängersee 176
Fangschleuse 156, 158, 160
Ferch 246, 248
Findlingsgarten (Kähnsdorf) 256
Fischerinsel 12
Flakensee 164, 168
Flensburger Löwe 216
Flughafensee 50
Flussbadeanstalt Köpenick 122
Fontane-Kiefer 156
Forsthaus Siethen 264
Französisch Buchholz 72
Friedensstadt Joseph Weißenberg 262
Friedhof Grunewald (Forst) 191
Friedrichsbauhof 150
Friedrichshagen 120, 124
Friedrichshain 112, 116
Funkhaus Berlin 116
Fürstenberg/Havel 92
Fürstenwalde 160

G

Gamengrund 180
Gamensee 184
Gasthof Naase 266
Gedenkstätte Sachsenhausen 90
Geltow 246, 248
Gesundbrunnen 40
Glauer Tal 262
Glienicke/Nordbahn 68
Glienicker Brücke 216
Glindow 236, 242
Glindower Alpen 242
Glindower See 242
Golm (Potsdam) 232
Golmer Stichkanal 232
Gosener Graben 132
Gosen-Neu Zittau 154
Grabowsee 90
Grellbucht 244
Grenzturm Nieder Neuendorf 59
Griebnitzsee 204, 218
Gröben 266
Gröbener See 266
Große Krampe 142
Großer Plessower See 236
Großer Tiergarten 24
Großer Wannsee 202
Großer Zernsee 232
Großer Zug 144
Große Steinlanke 192
Groß Glienicke 220
Groß Glienicker See 220
Grube (Potsdam) 232
Grünau 140
Grunewald 190, 192, 198
Grunewaldsee 198
Grunewaldturm 192
Grünheide (Mark) 152, 156, 160
Grünheider Seen 160
Gut Boltenhof 95
Güterfelder Haussee 210
Gut Hobrechtsfelde 74
Gutspark Groß Glienicke 220

H

Hakeburg 208
Hakenfelde 56
Halbinsel Stralau 112
Hamburger Bahnhof (Museum) 22
Hangelsberg 152, 156
Hannah Höch 63
Haus am Waldsee 200
Haus der Kulturen der Welt 18
Haus der Wannsee-Konferenz 216
Havelchaussee 192
Havelhöhenweg 195
Havel-Radweg 59, 88
Havel (Spandau) 56
Heidekrautbahn (RB 27) 98
Heilandskirche Sacrow 224
Heiligensee 56, 60
Heiliger See 228
Helenenquellen 84
Hellmühle 106
Hellmühler Fließ 106
Hellsee 106
Hennickendorf 172
Hennigsdorf 56
Hermsdorf 64, 68
Himmelpfort 92
Hobrechtsfelde 74
Hubertusbrücke (Briesetal) 84

I

Iburger Ufer 28
Industriesalon Schöneweide 118
Insel der Jugend 112
Insel Entenwall 130
Insel Großer Werder (Liepnitzsee) 102
Insel Lindwerder 195
Insulaner Klause (Liepnitzsee) 102, 104

J

Jaczo-Denkmal 195
Jagdhaus Spandau 59

Jagdschloss Grunewald *200*
Jägerbude *154*
Jungfernheide (Forst) *51*
Jungfernsee *228*

K

Kablow *148*
Kähnsdorf *256, 258*
Kalksee (Rüdersdorf) *168*
Karolinenhof 140,142
Karow *72*
Karower Teiche *72*
Katzengraben *120*
Kemnitz *236*
Kesselsee *180*
Kiessee Schildow *76*
Kinderbauernhof Pinke-Panke *42*
Kinderkletterwald *86*
Kirschblütenallee (Lichterfelde) *210*
Kladow *220*
Kleiner Müggelsee *126, 130*
Kleiner Wannsee *204, 218*
Klein Glienicke *216, 218*
Kleinmachnow *208*
Klein-Venedig *36*
Klein-Wall *156, 162*
Kohlhasenbrück *204*
Königswald *224, 230*
Königs Wusterhausen *148*
Konradshöhe *56*
Köpenick *120, 124, 128*
Köpenick-Altstadt *120*
Krampnitzsee *230*
Kranichsberg *166, 170*
Kratzbruch *112*
Kräuterhof Lübars *70*
Kreuzberg *8, 112*
Krimnicksee *148*
Kronprinzessinnenweg *192*
Krossinsee *144*
Krughorn *216*
Krumme Lanke *198*
Krüpelsee *148*
Kuhhorn *192*
Kuhle Wampe *140, 142*
Kultur im Kornspeicher *74*
Kunsthaus Dahlem *200*
Kunstpfad Ferch *248*

L

Landkreis Barnim *80, 98, 102, 106, 180, 184*
Landkreis Dahme-Spreewald *144*
Landkreis Märkisch-Oderland *168, 172, 176, 184*
Landkreis Oberhavel *56, 80, 84, 88, 92, 98*
Landkreis Oder-Spree *152, 156, 160, 164, 168*
Landkreis Potsdam-Mittelmark *208, 236, 242, 246, 252, 256*
Landkreis Teltow-Fläming *260, 264*
Landwehrkanal *8*
Langerönner Mühle *106*
Langer See *140, 184*
Lanke *106, 108*
Lanke (Hellsee) *106*
Lehnitz *88*
Lehnitzschleuse *88*
Lehnitzsee *88, 230*
Lehnmarke *256*
Leuenberg *184*
Liebenwalde *92*
Liebermann-Villa *216*
Liebesinsel (Spree, Friedrichshain) *112*
Liebesinsel (Werlsee) *160*
Lienewitz *252*
Lienewitzsee *252*
Lieper Bucht *192*
Liepnitzsee *102*
Lietzensee *32*
Lietzenseepark *32*
Lobetal *106*
Löcknitz *156, 164*
Löcknitztal *156*
Löwenzahnpfad *76*
Lübars *64, 68, 70*
Lübarser Felder *70*
Ludwigsfelde *264*

M

Machnower See *208*
Märkisches Hollywood *168*
Märkische Umfahrt *150*
Markthalle Neun *10*
Marmorpalais *228*
Marquardt *232*
Mauerradweg (Lichterfelde) *210*
Maybachufer *10*
Mechesee *106*
Meierei Potsdam *230*
Michendorf *252, 256*
Berlin-Mitte *12, 16*
Mittelbusch *246*
Mittelsee *184*
Moabit *20*
Molecule Man *112*
Möllensee *160*
Monbijoubrücke *12*
Monbijoupark *16, 18*
Mönchmühle *76, 78*
Moorlake *216*
Moorlinse Buch *74*
Moritzberg *206*
Müggelberge *124, 138*
Müggelheim *124, 128, 140*
Müggelsee *124*
Müggelseefischerei *130*
Müggelspree *120, 128, 152*
Müggelturm *138*
Mühle Lemke *172*
Mühlenbeck *76*
Mühlenbecker Land *68, 76, 80*
Mühlenbecker See *80*
Mühlenteich (Dammsmühle) *80*
Mühle Tornow *95*
Museumsinsel *12, 14*
Museumspark Rüdersdorf *168, 170*
Mutter Fourage *206*

N

Nattwerder *234*
Naturlehrpfad Teufelssee (Köpenick) *138*
Naturpark Barnim *68, 102*
Naturpark Dahme-Heideseen *148*
Naturpark Nuthe-Nieplitz *256, 260, 262*
Neubabelsberg *218*
Neuer Garten (Potsdam) *228*
Neuer See (Tiergarten) *24*
Neukölln *8*
Neuköllner Wochenmarkt *8*
Neuseddin *256*
Neu-Venedig (Köpenick) *128*
Neu Zittau *152*
Nieder Neuendorf *56, 59*
Nieder Neuendorfer See *56*
Nieplitz *260*
Nikolassee *192, 198, 202*
NSG Bäketal (Kleinmachnow) *208*
NSG Baumberge *63*
NSG Biesenthaler Becken *106*
NSG Gosener Wiesen & Seddinsee *132*
NSG Gummiwiesen *172*
NSG Karower Teiche *72*
NSG Lange Damm-Wiesen *172*
NSG Löcknitztal *156*
NSG Schönerlinder Teiche *76*
NSG Schwimmhafenwiesen *56*
NSG Teufelsfenn *190*
Nuthe-Nieplitz-Niederung *260*

O

Oberbaumbrücke *112*
Oberschöneweide *116, 118*
Oder-Spree-Kanal *144*
Radweg: Oder-Spree-Tour *160, 162*
Ölmühle im Bogenluch *86*
Oranienburg *88, 92*

P

Panke 40
Pankeradweg 40
Pankow 40, 72
Paradiessee 180
Park Babelsberg 218
Peetzsee 160
Petriplatz 14
Petzow 242, 248
Pfaueninsel 212
Plänterwald 116
Planufer 10
Plötze 44
Plötzensee 44
Pohlesee 204, 218
Potsdam 246
Potsdam-Babelsberg 204, 216
Potsdam Nord 220, 224, 228
Prieros 148, 150

R

Radweg Berlin – Kopenhagen 59, 92
Radweg: Europaradweg R1 160, 162
Radweg: Oder-Spree-Tour 160, 162
Rahmer See 98
Rahnsdorf 124, 128, 130, 168, 170
Rauchfangswerder 144
Regierungsviertel 16
Reinbeckhallen 118
Reinickendorf 60
Reiswerder 52
Rosa-Luxemburg-Steg 24
Rüdersdorf 168
Rüdersdorf bei Berlin 172
Rummelsburg 112, 116
Rummelsburger Bucht 112, 116

S

Saatwinkel 46, 48, 52
Saatwinkler Damm 46
Sachsenhausen 90
Sacrow 224
Sacrower See 224
Sacrow-Paretzer-Kanal 232
Schildhorn 192
Schildow (Mühlenbecker Land) 68, 76
Schlachtensee 198
Schlagbrücke (Briesetal) 84
Schlänitzsee 232
Schloss Cecilienhof 228, 230
Schloss Charlottenburg 28
Schloss Dammsmühle 80
Schlossgarten Petzow 242, 244, 246
Schloss Köpenick 120
Schloss Marquardt 232
Schloss Oranienburg 92
Schlosspark Tegel 54
Schloss Sanssouci 246
Schmetterlingshorst 140, 142
Schmöckwitz 144
Schönerlinder Teiche 76
Schöneweide 116
Schönhausen 40
Schönwalde 80, 82
Schönwalde (Wandlitz) 80
Schwielowsee 246, 252
Schwimmhafenwiesen 56
Seddin 256
Seddiner See 256
Seddinsee 132, 144
Seefeld (Zühlsdorf) 98
Siemenssteg 28
Siethen 264
Siethener See 264
Spandau 36, 56
Spitzmühle 176
SpreeArche 122
Spree (Friedrichshain) 112
Spree (Bln-Mitte) 16
Spreepark 116
Stienitzsee 172
Stölpchensee 204, 218
Stolzenhagen 98
Stolzenhagener See 98
Störitzsee 158
Stößensee 38
Stralau 112
Strandbad Wannsee 202
Straße d. 17. Juni 24, 30
Strausberg 172, 176
Strausberger Mühlenfließ 168, 174
Summt 80
Summter See 80

T

Tegel 46, 50, 52, 64
Tegeler Fließ 64, 68, 76
Tegeler Forst 52
Tegeler See 52
Tegelort 52
Teltowkanal 208
Templiner See 246
Teufelsberg (Berlin) 191
Teufelssee (Berlin) 190
Teufelssee (Köpenick) 136
Teufelsseemoor 136
Tiefensee 180, 184
Tiefwerder 36
Tiefwerder Wiesen 36
Tiergarten 16, 24
Titusbrücke 64
Torfhaus 172
Trebbin 260
Treptower Hafen 114
Treptower Park 112
Turbinenhalle am Stienitzsee 174
Türkenmarkt (Maybachufer) 8

U

Urbanhafen 8, 10
Ützdorf 102

V

vabali spa Berlin 20
Valentinswerder 52, 54
Volkspark Jungfernheide 48
Volkspark Rehberge 45

W

Wachtelberg (Werder) 174, 238, 240
Wachtelturm (Hennickendorf) 174
Waidmannslust 64
Wald Galerie Ferch 248
Waldpoesie-Pfad (Erkner) 164
Waldsiedlung Wandlitz 104
Wandlitz 98, 102
Wandlitzer See 98
Wandlitzsee 98
Wannsee (Stadtteil) 204, 212, 216
Wedding 44, 46
Weißenberg 262
Weißer Strand (Lehnitzsee) 88
Wendenschloß (Köpenick) 140
Wensickendorf 86, 98
Werder (Havel) 236, 238, 242
Werlsee 160
Werneuchen 180, 184
Wernsdorf 144
Wesendahl 176, 180, 182
Wesendahler Mühle 176
Westend 192
Wietkiekenberg 254
Wildenbruch 256
Wildkräuterwanderungen 70
Wilhelmstadt 36, 192
Witzleben 32
Woltersdorf 164, 168
Woltersdorfer Schleuse 168
Wublitz 232
Wukensee 108
Wupatz' Lehrpfad (Erkner) 156
Wupatzsee 156

Z

Zehdenick 92
Zehdenicker Tonstichlandschaft 92
Zehlendorf 198
Zeltplatz Kuhle Wampe 142
Zeuthen 144
Zeuthener See 144
Ziegeleipark Mildenberg 95
Ziegenkäserei Capriolenhof 95
Zühlsdorf 84
Zühlsdorf/Seefeld 98

IMPRESSUM

1. Auflage Juni 2024

Von-Hutten-Str. 15
D-22761 Hamburg
Tel. +49 (0)40 39 10 99 10
www.los-ans-wasser.de

Text & Fotos: Cindy Ruch

Layout Design: formlabor, Hamburg; Siegmund & Fischer Grafik
Illustration Icons: formlabor, Hamburg; Carola Hillmann
Korrektorat: Karolina Schucht, Hamburg

Idee, Konzept, Lektorat & Satz: Thomas Kettler, Carola Hillmann
Karten: StepMap, Heide Schwinn & Carola Hillmann
Druck & Gesamtherstellung: KOPA, kopa.eu

Weitere Bildnachweise (o. = oben, u. = unten, m. = mitte, li. = links, re. = rechts):
Seite 9, 55, 121, 129, 131, 155, 163, 205: Jens Klatt; Seite 7, 11 o., 119 u., 125, 127, 188-189, 193 o., 201, 219: ©visitBerlin/Dagmar Schwelle; Seite 25: ©visitBerlin/Philip Koschel; Seite 53: ©visitBerlin/Chris Martin; Seite 21, 23 o., 23 u.: vabali spa Berlin; Seite 37, 39 o. li., o. re., u. li., u. re., 47, 94, 96 o. li., o. re., m. li., m. re., u. re., 111 u. re., 196 o., 197 u., 233, 241 o., 250 u. re., 251 o., 251 u.: Thomas Kettler; Seite 61 o., 61 u.: Restaurant Straßenbahndepot Heiligensee; Seite 67 u.: Andreina Stein; Seite 93, 250 o. li.: Julia Schmidt; Seite 96 u. li., 103, 105 u., 250 o. re.: Pia Malina Kettler; Seite 97 u.: ©ZP MB/Susanne Wernicke; Seite 115: Badedampfer.de; Seite 133, 135 o., 153, 245 o.: Michael Hennemann; Seite 185, 187 o., 187 u.: Country Camping Tiefensee Voß e.K./ Fungayi Lange; Seite 203: ©Alexander Geißler; Seite 221: Eiscafé Seeperle Groß Glienicke.

Bildnachweise Wikimedia Commons (o. = oben, u. = unten, m. = mitte, li. = links, re. = rechts):
Seite 27 o.: Manfred Brückels; Seite 29, 97 o., 211 o. li., 257 o. re., 257 u. li., 259, 261 u. re., 267 u. li, 267 u. re.: Lienhard Schulz; Seite 33, 119 o. li., 196 u.: Fridolin freudenfett (Peter Kuley); Seite 41: Richardfabi; Seite 44-45: Kelisi; Seite 49 u.: Kvikk; Seite 51: Dirk Reichel; Seite 59: Avda / www.avda-foto.de; Seite 62 o.: JanManu; Seite 62 u.: Alexrk2; Seite 65: Joy-of-Nature; Seite 67 o.: Myrmux; Seite 73: Frank Golle; Seite 75 o. li., 87: Sinuhe20; Seite 75 u., 167 o., 222-223: A.Savin; Seite 83 u.: Lukas Beck; Seite 85: Queryzo; Seite 101: Sebastian Wallroth; Seite 111 o. re.: foldscheap; Seite 135 u.: Membeth; Seite 137: Ephar19; Seite 139, 159 o., 245 u.: Leonhard Lenz; Seite 165: Marcus Cyron; Seite 167 u., 257 o. li., 257 u. re.: Colin Smith; Seite 171: Kemmi.1; Seite 179 o., 209, 211 u.: Andreas Lippold; Seite 191: Dorina Achelaritei; Seite 206: Neuköllner; Seite 211 o. re.: Lichterfelder; Seite 215 re.: Till Krech; Seite 225: Titico; Seite 227 o., 227 u.: Matthias Süßen; Seite 231: Matthias v.d. Elbe; Seite 239: Biberbaer; Seite 250 u. li.: Botaurus; Seite 254: Dreizung; Seite 261 o. li.: Bautsch; Seite 261 o. re.: Rolf Dietrich Brecher; Seite 261 u. li.: Flickr.com user „FotoDawg"; Seite 263 o.: Dr. Gunnar Pommerening.

Die Deutsche Nationalbibliothek verzeichnet diese Publikation in der Deutschen Nationalbibliografie; detaillierte bibliografische Daten sind im Internet über http://dnb.d-nb.de abrufbar.